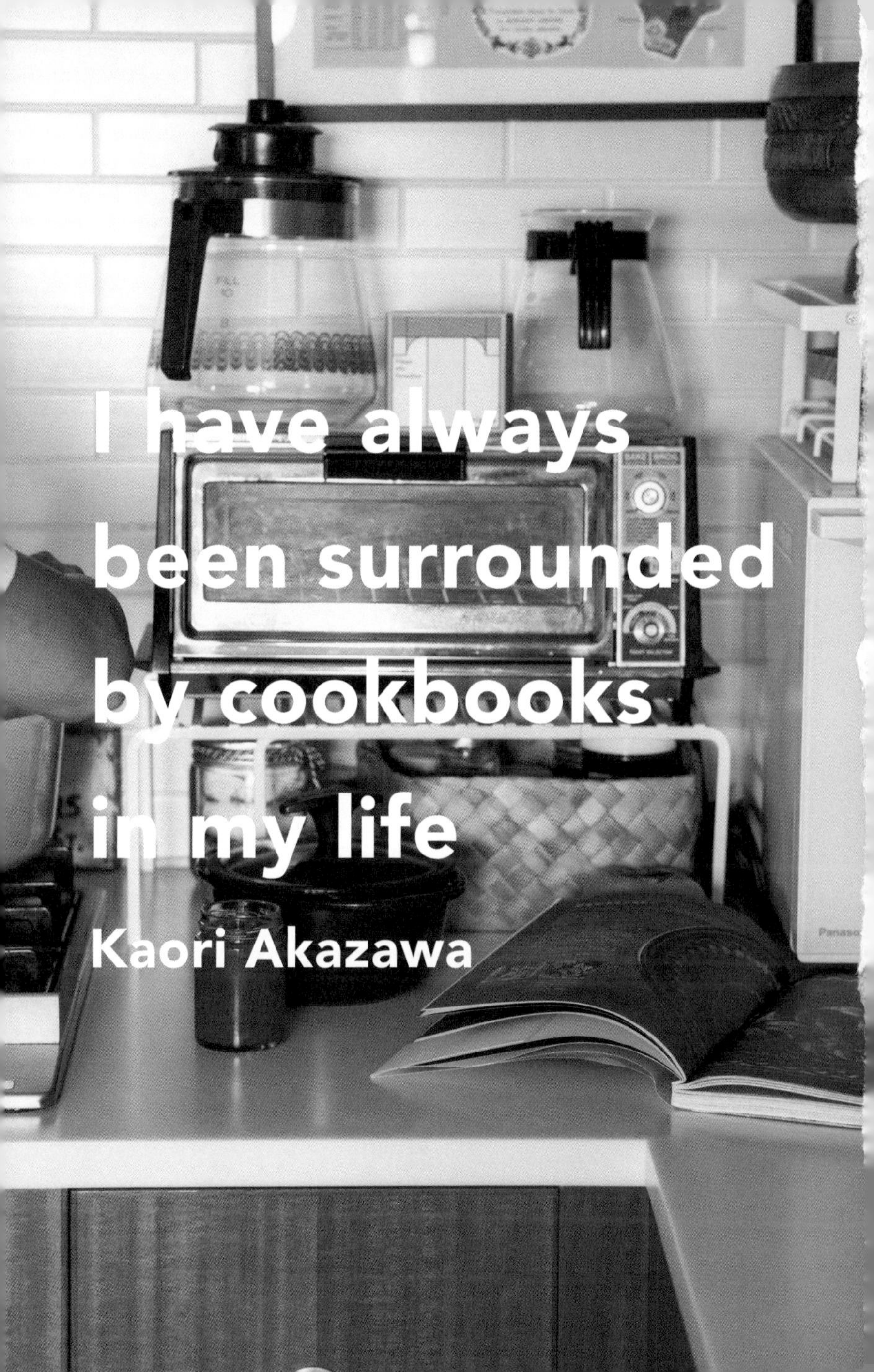
I have always
been surrounded
by cookbooks
in my life
Kaori Akazawa

とり肉料理
サラダ・コールド・オードブル
パン
デザート
ソース
飲みもの
スープ
卵とチーズの料理
スナックとカナッペ
牛肉と子牛肉の料理
ケーキとペイストリー

Aloha Book
ZOJIRUSHI

Lucy
HAWAIIAN BAKED HAM
Make a paste of:
1 1/2 cups flour
1 1/2 tbs. dry mustard
1/2 cup brown sugar
1 tbs. cinnamon
1/2 tsp. cloves
1/2 tsp. ginger
1/2 cup pineapple juice
brown wrapping paper
Remove rind from uncooked ham. Trim, wipe clean. Spread the paste on all sides of the ham. Wrap in brown wrapping paper as if wrapping a package. Put the folded side down in an unoiled shallow bake pan. If the wrapping is secure and the folds deep, the paper will remain folded during baking. Place in cold oven. Bake 20 min. per lb. 325 degrees. Remove from oven, cut the paper away. (The paste will adhere to the paper.) Garnish ham with pineapple, stud with cloves. Few optional cherries or other fruits. Omit cloves here. Baste with glaze. Boil together 5-10 minutes: 3/4 cup brown sugar, 1/4 cup pineapple juice. Return ham to oven for 15-20 minutes basting frequently with glaze. Place on a platter. Garnish with a border of parsley. Allow 1/2 lb. ham per serving.
PIHAPIHA PORK CHOPS
6 rib pork chops, 1" thick
1/2 cup raisins
2 tbs. shortening or drippings
1/4 cup orange juice
1 1/2 tsp. salt
2 cups dry bread crumbs
1 cup diced orange pulp
1/8 tsp. pepper
1/2 tsp. nutmeg
1/2 cup water
Make packet in each chop, cutting along the bone for easy stuffing. Combine bread crumbs, nutmeg, raisins and orange pulp. Stuff each chop with this mixture. Brown chops in shortening, drain. Season with salt and pepper. Add orange juice and water. Cover tightly and cook slowly, 45 minutes to 1 hr.
PORK CHOP SUEY
1 1/4 lbs. finely sliced raw pork
1 tsp. salt
2 1/2 cups boiling water
1/2 lb. carrots
1/2 lb. green beans
1/2 lb. celery
1 piece crushed ginger root
1 tbs. peanut oil or salad oil
1 lb. cauliflower
1/2 lb. Chinese potatoes
2 med. round onions
4 stalks green onions
1 clove garlic
1 lb. bean sprouts
SAUCE:
1/2 can cream of mushroom soup
1 tbs. monosodium glutamate
1 tbs. soy sauce
broth from pork
4
STUFFED PEPPERS OPU
1/3 cup chopped onion
1 lb. ground beef
2 tbs. oil
1 cup cooked rice
1 1/2 cups sieved tomatoes
1/4 cup tomato juice (from sieved tomatoes)
salt and pepper to taste
Brown chopped onion and ground beef in oil. Add cooked rice, sieved tomatoes and juice. Salt and pepper to taste. Simmer 10 to 15 minutes, stir often. Cut tops off green peppers, remove seeds, drop into boiling water for 1 minute. Add mixture into peppers and put in baking dish. Bread crumbs or cheese may be added to tops if desired. 1/4 cup water added to baking dish will keep peppers tender and moist while baking for about 30 minutes in moderate oven.
Combine first three ingredients; cook until tender. Slice carrots, green beans, bamboo shoots and cook in broth from pork only until tender and remove from broth; DO NOT OVERCOOK. Save broth for sauce. In large skillet put oil and in it fry sliced cauliflower, Chinese potatoes, round onions cut in lengthwise sections, celery, garlic and ginger root. Add green onions cut in 1" lengths, and bean sprouts last and fry lightly. Mix together all vegetables, add most of the cooked pork, add sauce, with remaining pork sprinkled over top, and serve with Oriental-cooked rice, or over noodles. Serves 8.
Local Favorites of Waianae
by: Paulette Re

FREEZER
おもてなし うらもてなし
笠原将弘
シンプルがおいしい 飛田さんの野菜レシピ
おかずとご飯の本
高山なおみ
野菜だより
今日のおかず
飛田和緒
一汁一菜
常備菜大事典
おせちの本 完全版
カレー、ときどき水餃子
根本きこ
鶏大事典
超・鶏大事典
料理教室のベストレシピ
石原洋子
湘南 メゾンボングゥの焼き菓子とコンフィチュール
Les Gâteaux
daily PASTA book
亀井良真
作りおきして、便利なおかず
お鍋ひとつで、できること
高山なおみ

デザイン　中村善郎（Yen）
写真　広瀬貴子
書影　赤澤かおり

この本につきまして――

・本文で〈　〉を付けたものは、それぞれの料理本に出ている料理名です。
・この本では、私が心の中で呼ばせていただいている呼称に従い、敬称を略させていただいた箇所があります。
・エッセイで取り上げました料理本の書誌はそれぞれのエッセイの末尾に記しました。コラム（「～の別腹」）の料理本につきましては、書誌のうち、サブタイトルを省略させていただいております。

人生には
いつも
料理本があった

赤澤かおり

筑摩書房

はじめに

世界中の人たちが家にこもらざるを得なくなった２０２０年の始まり。皆、突然言い渡された終わりの見えない時間に何をしたらいいのやらと途方に暮れたことと思います。私も同じでした。そこで、まったくもって片付かない家の中を見回し、まずは本の整理でもしてみようと思い立ちました。それで気づいたというか、再確認したのが、うちの本棚には、書店の店頭で、神田や鎌倉の古書店で、旅先などで、これまで買い求めてきた、たくさんの楽しい料理本が詰まっていたということ。

片付けをするつもりが、何時間も本棚の前に座り込み、読み耽ってしまう日々。数日後にはコーヒーを片手に本棚の前に小さな椅子まで持ち込む始末。さまざまな料理本を開くたびに、何度も作ってきた今では自分の手に馴染んでいるレシピ、憧れのメニュー、それに心に響いた言葉などが次々と出てきました。ポストイットが貼ってあり、その料理への感想が書き込まれていることも。

ひとり暮らしを始めたときに買ったもの、家族の唯一の料理本、失恋したときに読んだもの、嫁入り道具のひとつに持っていきたいと思って手にした本、子どもができたら作りたいと思って読み込んだものなどを読み耽り、片付けようという意欲はどこへやら。あの頃の自分をまざまざと思い起こすことになりました。

本を開くたびに甦るさまざまな人生のシーンとともに、刻まれてきたおいしい記憶と言葉。長いこと私にとって料理本は、レシピを教えてくれる実用書であるとともに、読み物でもあったわけです。

さらに、わが家にはあちこちに本棚と呼ぶまでもない、本を置いてある場所がいくつもあります。廊下に設えた戸棚のような本棚、キッチンの棚の中、ベッドサイドやトイレ、リビングの棚、ソファーの脇……。そこからひょいと何冊か手にとっては　週末の時間にじっくり作る料理に想いを馳せ、眠れない夜にはおいしい言葉を追いかけ、疲れたときには、癒しを求めてただただページをめくってきました。誰かのためにおいしいものを作りたい気持ちや、悲しい気持ちを癒し、埋めてくれる言葉も料理本からもらってきたように思います。本棚の整理をしながら、いつも私はこれらの本に励まされてきたなと気づいたわけです。

編集者という仕事を始めて約30年以上。料理本の編集者として約25年。さまざまな本作りに携わってきました。おいしいものを食べることと、人においしいものを食べさせることが好きな祖母と母のもとで育った私ですが、特に料理を教わることもなく、むしろ今なお料理下手なまま。けれども、こうして料理本編集者として仕事をしていられるのは、ひとえにおいしいもののことばかり考えているからだと思います。おいしいもののためならば、という思いに突き動かされ、ひたすらおいしそうな本を読む、おいしい本を作る、を続けて今に至ります。

私が料理本編集者になるうんと前から付き合ってきたもの、最近買ったもの、私自身が編集に携わったものなども含め、１５０冊以上。まだまだご紹介したい名著は多数ありますが、まずはここまで。料理本の楽しみをご一緒していただけたらうれしいです。

table of contents

I
人生にはいつも料理本があった

今日何作ろう!?

『おかずとご飯の本』

『一汁一菜』

毎日、何はなくともお腹はすく。そして何かを食べる。その何かはとても大切。1食たりとも無駄にできない。と、凄んでいた20代、30代。口にするものすべてが自分を形成するのだとばかりに「食べておかねば」、「食べてみたい」、「体に良さそう」など、さまざまな理由をこじつけては、山登りでもするかのように、毎食に挑んでいた。

時は流れ、40代くらいからそれはなだらかになっていき、50代の今は、食べたいものを食べたいときにと、少し凸凹した丘になってきた。今はたいてい一日2食。何かに集中しているときは一日1食なんてこともあるし、食べる仕事のときは朝から晩まで食べ続け、何食なんて区切りもない。けれども一緒に食べる人がいるときは、その流れも変わり、朝、昼、晩「今日何食べる?」となる。そんなときによく手にとるのが編集者として携わった高山なおみさんの『おかずとご飯の本』と、飛田和緒さんの『一汁一菜』。

高山なおみさんの『野菜だより』『今日のおかず』などと同じシリーズのこれは、シリーズ2作目のもので、制作チームが「ビニ本」の愛称で呼ぶ、ビニールカバーがついた本。2007年にアノニマ・スタジオから発行された。なかでも〈鶏とかぶのこっくり煮〉は、跡がついて自動的に開いてしまうほど何度もページを開き、作っている料理。かぶの実がしまって甘味が増してくると無性に作りたくなってページを開く。何度も作っているのに、わざわざページを開いてしまうのは、この調味料の分量がちょうどいいから。以前、うろ覚えで作ったらいつもの感じじゃない。こんなにも違うのかと反省して、以来ちゃんとレシピに従って作るようになった。「ご飯がすすむおかずいろいろ」から始まる章立ては、「豚かたまり肉で」、「冬は鍋もの」、「カレーライスいろいろ」、「ご飯もの」、「カンタン麺ものとスナック」と凸凹、自由気ままなところが手前味噌ながらなんともいい。これはすべて高山さんの頭の中。いわゆる、肉、魚といった素材斬り（p72）でもなければ、調理法斬りでもない。今日何食べようか？　そんな気持ちに応えるように料理が並ぶ様がゆるやかでいい。

飛田和緒さんの『一汁一菜』は2012年、実業之日本社から発行されたもの。ライフスタイル誌『giorni』で、カメラマンの日置武晴さんとスタイリストの高橋みどりさんとともに連載していた季節の食卓をまとめたものだ。決まっていたのは、一つのおかずと一つの汁物という食卓。早くから飛田さんが「毎日のことだから気楽なのがいいよね。一汁三菜なんてそんな毎日は大変。おかずも汁物も一つずつで十分なのよ」と、話していたことから連載タイトルも単行本のタイトルも「一汁一菜」と名づけた。そもそも「頑張らない」というフレーズにはちょっとした抵抗感があり、毎日全力疾走でいたい私だけれど、この提案はなぜかすんなり入ってきて、今もなお飛田さんの教えに倣う日々となっている。〈鮭入りポテトサラダ〉、〈ベーコンバターみそ汁〉に、〈グリーンピースご飯〉。それだけでしっかり一品になる炊き込みご飯と大鉢でドンと盛り付けるポテトサラダは、メインになる迫力（鮭入りっていうのもあるのかも!?）。野菜中心だから、汁物には少しコクを、とベーコンとバターを加えてバランスをとる、と飛田さんは言っていたけれど、この自由な発想こそ、一汁一菜の愉しみだと思ってしまった。「ポテトサラダは副菜」という決まりきったイメージをさらっと変え、味噌汁にベーコンとバターを組み合わせるなど、自由気ままに素材を選択している。いろんな枠をビュンと飛び越え、好きなものを好きなように。でも季節のものは食べておきたいでしょ、という気の利かせ方もなるほど納得のいい塩梅。たった3つの器が並ぶだけなのに「今日もお疲れ様！」と、乾杯したくなる食卓を作れるようになったのはこの本のおかげ。

今日何作ろう!?　だいたい毎日そんなことを思いながらパソコンに向かう午後、夕方にはなんとなくこの2冊に手がのびる。

高山なおみ『おかずとご飯の本』２００７年、アノニマ・スタジオ
飛田和緒『一汁一菜――飛田和緒の季節の食卓』２０１２年、実業之日本社

スープに癒されてきた。

いつの頃からかは忘れたけれど、長い間、本の中のスープに固執してきた。「SOUP」という字面も、さまざまな表情を垣間見せる表面の美しさにも、やられっぱなし。野菜や肉、魚介などのおいしさが重なり、混じり合った見た目と味わいは、他の料理には類をみないものだと思う。

30年ほど前は、おかず系の料理本にいくつかのスープが載っていることはあっても、スープだけの本はそれほど多くなかった。スープだけに特化した手持ちの数冊（注1）は、ほぼ90年代後半から2000年代前半のもので、その中で何度開いてもときめくのが、2色刷のグラフィックが魅力的な『A Good Day for Soup スープに良い日』と、長尾智子さんの『スープブック！』。

スープは作って食べるのみならず、レシピをなぞるだけで体の奥からじんわりあたためてもらっているように思うのは私だけだろうか!? 寒い日、疲れた日、やさぐれたとき、なぐさめて欲しいとき、

『A Good Day for Soup
スープに良い日』

『スープブック！』

注1：『A Good Day for Soup スープに良い日』、『スープブック！』、『スープがごはん』、『みんなスープ』の4冊。

私はこの2冊を開く。

『A Good Day for Soup スープに良い日』（注2）は、長年、眠れない夜のベッドサイドブックとしても愛読してきた。料理名の後の数行の文章が、寝る前の少しの読書に最適なのだ。スープの名前がどれもイカしているところもいい。〈冷たいカレー風味のカニとトマトのスープ〉、〈ペストクリーム入りグリルした夏野菜のスープ〉なんていう、物語に出てきそうな料理名が次々出てくるのだ。幼い頃の私は『大草原の小さな家』や『プラム・クリークの土手で』、『赤毛のアン』、『メアリー・ポピンズ』などを読みながら、そこに出てくるカタカナの料理を空想するのが好きな少女だった。この本にはどこかそれに似た部分を求めているようで、読み物としてほっこり心をあたためため続けてもらってきた。

明朝体とゴシック体が交互に配されたデザインは、同じページに違う種類の書体が混じっていても不思議と見やすく、タイトル並みに大きな級数（文字の大きさ）で時々挟まれるエッセイもいい。歌うようにリズミカルなデザインワークには、1色刷の本とは思えぬ楽しさがちりばめられている。レシピに1、2、3といった手順はないが、そのおかげで流れるように動く手や鍋の中でフツフツと煮立ってきたスープの様子が想像できる。それをぼんやり脳裏に浮かべながら眠りにつくと、寝落ちの瞬間の幸福感が脳に効くのか、寝覚めスッキリ、自分のくだらない悩みや靄が晴れた。

長尾智子さんの『スープブック！』は、工程写真を追いながらゆっくり湯気が立ちのぼる鍋中を思ったり、スープ皿によそられた液体を写真絵本のように眺めたりしてきた。料理名に添えられた短

注2：もともとはアメリカで刊行された本。かつて日本にクロニクルブックス社があったときに邦訳されて日本でも刊行された。

い文章も好きだけれど、特に好きなのは「スープ ジャーナル」というスープにまつわるお話のページ。本の真ん中あたりにある薄いブルーの紙に茶色の文字でプリントされているもので、スープをめぐる旅や、スープの容れものやすくうもの、塩のことなど、スープについてあれこれ書かれている。スープが好きすぎるという著者が、スープが煮えるまでの時間に読んで、と差し挟んだ粋なこのページに書かれた通り、スープを煮込みながらキッチンで広げて読んでみたりしたこともあった。切り抜きされた著者の長尾さんの写真や、さまざまな形のスプーンがあったりと、この本をデザインしたブックデザイナーの茂木隆行さんのお茶目さが垣間見れるのもいい。

スープに合わせる粉もの（パンやクネッケなど）は、今さらながらスープとともにあれこれ作るようになった。もしも、20年ほど前からこれらを作って添えていたら、何かが違っていたような気さえするおいしさに、改めてスープという存在の受け入れの自由さと大きさを思うと同時に、読み返すほどにひとつ、またひとつと楽しみが見つかる本だなぁと20年近く経った今もなお思う。そして、いつか長尾さんの新たなスープの本がこの世に生まれ出たらいいなぁということも、もうずーっと思い続けている。

ジャネット・フェラリィ&ルイーズ・フィッツァー、村上佳義訳『A Good Day for Soup スープに良い日』
１９９６年、クロニクルブックス（発行：フレックス・ファーム）

長尾智子『スープブック！――もっとスープがおいしくなる献立付き』２００２年、Gakken

たなかれいこ
『スープがごはん――おいしいはからだにいい』

実際にとにかく作っているスープの本と言えば、たなかれいこさんの『スープがごはん』。

ある日の撮影時、まかないにたなかさんが作ってくださった〈きゃべつのパスタスープ〉のキャベツの甘みを吸ったパスタとそれが染み渡ったスープのおいしさに驚き、遅ればせながらこの本を手にした。以来、体の不調を感じるとここからスープをピックアップしていろいろ作ってきた。なかでも〈きゃべつのパスタスープ〉は、あまりに作りすぎていつしか私の十八番となったくらい。材料はキャベツとかつおだし、にんにく少しと塩だけ。それとパスタ。それだけでこんなにおいしくなるのかとひと口食べて驚き、細めの目を大きく開いたのを覚えている。たなかさんのレシピで作ったスープを食べると数日の間、確実に体はご機嫌だ。食べすぎても胃袋は軽く、罪悪感も残らない。オーガニックとか、無農薬といった言葉がここまで世の中に浸透するうんと前から、それを実践してきたたなかさんだからこその体と考え方、レシピの信憑性は、次の話で。（2003年、雄鶏社）

小峰敏宏、高山なおみ、野崎洋光、吉田勝彦
『みんなスープ』

ひとり暮らしをしていたとき、「おいしいスープが作れる女になったらモテるかも」という不埒な思いで購入し、思いのほかいろいろ作ってきたレシピ本。フレンチ、和食、アジア、中華などの人気レストランのシェフ4人によるスープのレシピ。のちに仕事をご一緒することになる高山なおみさんの「煮込まれるしあわせ」というエッセイとそこに添えられた料理家の瀬戸口しおりさんのイラストに、今はなき食堂「Kuu Kuu」を想う。みそとヨーグルトが合うと教えてくれたのは高山さんだった。そのもととも言える〈もやしのみそスープ ディル風味〉は、もう何度作ったか数えきれない。（1999年、マガジンハウス）

1 とにかく野菜をもりもり食べたいときは

無性に野菜をむしゃむしゃ食べたい日は、小松菜や菜の花といった葉物やキャベツ、白菜など、手もとにある野菜を適当な大きさに切って厚手の鍋に入れ、塩を適量ふってオリーブオイルをたっぷりまわしかけて蒸し炒めにする。少し前までは有元葉子先生の本に倣い、にんにくを包丁の腹でつぶして1片加えていたけれど、歳とともに塩と油のみということがほとんどになった。

50歳を過ぎた自分の体に心底なじんでいく蒸し炒めの方法を知ったのは、たなかれいこさんの料理の本2冊を編集してからだと思う。それまでもたなかさんとは雑誌の料理ページやインタビューを介して仕事をさせてもらってきたが、いつも、豪快に削ぎ落とされた調理法に驚かされてきた。大ぶりに切ったれんこんを菜種油で素揚げしてバルサミコ酢であえるだけとか、土鍋で炊いたご飯にゆで卵をのせて醤油をまわしかけて混ぜるだけ、ピーマンを丸ごとだしに入れた夏の鍋など、そのどれもに

『生きるための料理』

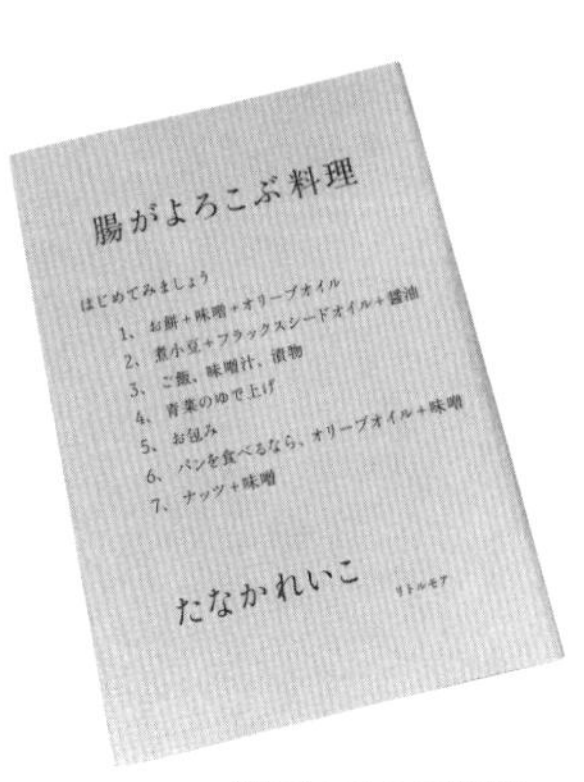

『腸がよろこぶ料理』

体が声を大にして「おいしい」と言っているようで、細胞レベルで元気になっていくのが自覚できた。

「季節に合ったものを料理すること」など、たなかさんの方法は、ごく当たり前のことのようだけれど、現代社会ではなかなかできないこともあるように思っていた。例えば、トマトやきゅうりなどは一年中あるのでつい冬でも火を通すことなく、サラダとして摂ってしまっていたりすることもまぁあったし、昔ながらの製法でつくられた調味料を使うことは、つまりは添加物が使われていないのはもちろん、醸造や発酵がきちんとされたものであることだが、これもまた当時は意外とまだまだ世の中に知られていなかったことのように思う。漂白された砂糖を使わないということも、言われないと気づかない人が少なくないと思う。だしをとること、砂糖とみりんは使わないこと、ゆでた野菜を水にさらさないこと、煮たり、ゆでたりするときにアクをとらないことなど、初めは「え？」と驚き、難しいと思ったこともあったが、たなかさんの教えは自然と私の料理のベースになり、今ではこれらが私の普通になった。

編集の過程で試作（注1）を繰り返し、それを食べれば食べるほど体が軽やかになっていったと同時に、気づいたときには花粉、ハウスダストといったアレルギーからも解放されていた。今となってはずいぶんと自己流も加わり、こんな姿を見せたら叱られてしまいそうではあるけれど、私なりにまぁまぁたなかさんの教えを守りつつ、野菜をもりもり食べている。ごぼうやれんこんといった根野菜も蒸し炒めにしてバルサミコ酢や醤油をさっとまわしかけるだけで、「こんなに!?」と思うほど、たくさんの量が気持ちよく体におさまっていくようになった。

注1：料理本の編集をする過程で、私は常に掲載する料理のレシピを原稿に起こしては、それに沿って繰り返し試作をしている。

野菜を食べたいと思うのは、余分なものを摂取しているときが多い。スナック菓子を食べたとき、外食が多くなったとき、不摂生をしたとき。そんなとき、体を整える意味も含めてたなかさんの本を手にする。ただ読み返すだけでも、たなかさんに手当てしてもらっているような気になる『生きるための料理』と『腸がよろこぶ料理』は、何よりの体整え本と言ってもいいものだ。

ごぼう、れんこん、にんじん、大根、さつまいも、玉ねぎ、かぼちゃなど、身近にある野菜をたっぷり食べ尽くすと、しばらくは快調、快腸。70歳を超えた今も、お元気で美しいたなかさんをつくり上げてきたのは、他ならぬこの料理法によるものなんだと身をもって教えられた。

たなかれいこ『生きるための料理』２０１４年、リトル・モア
『腸がよろこぶ料理』２０１６年、リトル・モア

とにかく野菜をもりもり食べたいときは 2

野菜でひと捻り何かと思うと、やっぱり長尾智子さんの著書のどれかを本棚から手にすることが多い。スープに関してもそうだけれど（p13）、野菜と聞くと長尾さんのことを思い出す。私の中ではスープと野菜が似合う唯一無二のお方である。なかでも『ベジマニア』はメニューも、長尾さんの野菜に対する考え方も好きで何度も読み返している。野菜をたくさん食べなくては、というよりも野菜を主役に何をプラスするか。ベジタリアンにならずとも、にせベジタリアンでも好きな味に作り、おいしく食べるための自分の流儀を作ればいいと思う、というくだりは特に好きで、読み返すたびに窮屈に考えすぎていた自分をゆるめてくれる。

「野菜でひと捻り」とは、アイデアの話で、レシピがシンプルなところも私のツボだ。さらに言うと、レシピはシンプルだけれど、野菜を大切に思っているのが伝わる言い回しにもグッとくる。切り方、

『ベジマニア』

ゆで方、ソースのかけ方など、作る前に読み返すと料理している時間がまた、満ち足りたひとときとなり、食べる前のいい助走時間にもなる。

自分なりに野菜中心のメニューを組み立てるときには、野菜に合わせやすい穀類の使い方が載っているので、これがいい頭のエクササイズになる。〈納豆とアボカドのサラダ〉、〈ベジサンド〉、〈ポテトハーブグラタン〉、〈野菜の混ぜご飯〉などなど、作ってきたものも、まだまだ作ってみたいものも、好きなメニューを挙げればキリがない。

洋風なようでいながら日本の食材をさりげなく引き上げて使う長尾さんの自由なメニュー構築は、野菜を料理することに纏わりつきがちな「～しなければ」という呪縛から私を解き放ち、頭を切り替えさせることにもなるわけで、頭がかたくなっている自分に気づきハッとさせられる。野菜が私の体を整え、やわらげてくれるように、この本も私の頭をやわらげ続けてくれている。

長尾智子『ベジマニア――おいしく食べよう！ 豆・米・野菜』 2001年、文化出版局

根本きこ『野菜が主役』

季節の野菜が出揃うと開く、根本きこさんの『野菜が主役』。〈きゅうりのラー油たれ〉は夏にきゅうりがぐんぐん育っているときビールに合わせて。〈ガーリックオニオンソース〉は冷蔵庫になくなると不安になってしまうくらい常備しているもので、冷奴にのせたり、トマトソースに加えたり、蒸し野菜のソースにしたりの万能選手。「おそうざい」、「ひとつの器で」、「つまむもの」、「もつもの」、「みそ汁・スープ」といった項目の中からそのときの気分や用途に合わせて野菜をめいっぱい使って調理できる。定番やシンプルなひと皿もいいけれど、ちょっといつもと違うものを、というときに、きこさんが投げる程よい変化球のレシピが自分のやりたい、作りたい欲を満足させてくれるのだ。（2005年、講談社）

野菜をもりもり
食べる別腹

ワタナベマキ『まずは塩しましょう。』

野菜でも肉でも、買ってきたらまずは塩しておくと次の作業がぐっとラクになる。しかもおいしくなると、教えてもらった本。旬の野菜はおいしくて安いからとついたくさん買いすぎてしまうこともあるし、買っておいた素材が急な外出で予定していた日に使えないこともある。そんなとき、すぐに切って、塩をしておくことでずいぶん助けられた。大根丸ごと1本も、キャベツ丸ごと1個も塩しておくとかさが減って冷蔵庫にスッと収まる。いいことずくめの料理法。気づけば野菜をモリモリ食べていることにもなっている。（2020年、KADOKAWA）

定番料理をおいしく作れるようになりたくて

フランスで約１００年近くの歴史を誇る鋳物を中心とするキッチンウエアメーカー「ル・クルーゼ」（注１）の鍋の万能さを知ったのは平野由希子さんのレシピから。お酒をこよなく愛する平野さんのレシピはささっと作れるものがほとんどで、食べる人に必ずビビビとおいしいビームを伝えるパンチのあるものが多い。というと、濃い味を想像する人もいるかもしれないが、そうではない。なんというか、ひと口食べたときの「おいしい！」のインパクトがガチッと胃袋に記憶される味わいなのだ。それはときに、さりげない塩加減で素材の味を引き出したり、ときに赤ワインでじっくり煮込まれた奥深い味わいだったり、はたまた肉汁が滴るガツンとしたものだったりと、どれもこれも、半端ない直球が飛んでくる。

そんなおいしさのコツを知りたくて編集をさせてもらった『材料も作り方も引き算しておいしくな

『材料も作り方も引き算しておいしくなるレシピ』

『平野由希子のおいしい理由。』

いる定番料理を、タイトル通り、材料と余分な工程を引き算してシンプルに作る手法がまとめられている。

例えばベーシックな肉じゃがで使うのは、じゃがいもと牛肉のみで、牛肉をしぐれ煮のように甘めに仕上げてじゃがいものほっくりに合わせるといったもの。他にも豚バラブロック肉をキャラメリゼしてからじゃがいもと合わせ、しょうゆ味でからめる〈キャラメル豚じゃが〉、ラムチョップとじゃがいもで作る〈羊じゃが〉など、肉じゃがひとつ取ってもシンプルな組み合わせだから実現する幾通りものレシピが提案されている。絹さやをあしらったり、にんじんやしらたきを加えるなどしていると、いわゆる定番にはなるけれど味はぼやける。けれども素材も調味料も少なくすることで、俄然それぞれの味が際立ち輪郭がはっきりしてくる。つまりはあれこれ余計なことをしなくていいという、なるほど納得の料理法だった。

定番料理と言えば『平野由希子のおいしい理由。』も、平野さんのおいしさの秘密を知りたくて企画編集したものだったが、ここにもまた〈チキンソテー〉や〈煮込みハンバーグ〉、〈トマトソース・スパゲティ〉など、みんな大好きな料理をもっとおいしくするためのコツが詰まっている。また、料理からではなく、平野さんの代名詞のようなル・クルーゼを使っておいしく作る〈ゆで鶏〉や〈黒豆ごはん〉、蒸籠や鉄のフライパン、ミキサーなどの使いこなし術も取り上げられていて、いい道具とは何かや道具の性質を知って使うからこそ実現する味を覚えた本でもあった。

注1：1925年に北フランスの小さな村フレノワ・ル・グランで創業した鋳物ホーローのブランド。200年以上前からこの辺りで作られてきた鋳物のホーロー鍋に色を施す技術を開発し、キッチンを明るくした。今でも職人さんたちがひとつひとつ手作業で作っている。

本を編集しながら試作を繰り返し、自然と手が覚え、舌が記憶してきた平野さんのレシピはおのずと増えていった。ご飯をル・クルーゼで炊くようになったのも平野さんの影響からだ。今は羽釜の鍋炊きに移行したけれど、時々、少しだけ炊きたいときには小さなル・クルーゼが活躍する。そんなとき、平野さんのレシピを覚えておいてよかったなと思う。

２冊に共通しているのは、たくさんの材料を使うのではなく、最小限の材料で作り、味わうことで素材同士のおいしさを最大限に引き出すこと。いかにも平野さんらしい考え方とレシピだ。平野さんが唱えてきた数々のおいしい理由には、わかっていたようで、実際はわかっちゃいなかった灯台下暗し的な要素がごっそり含まれていた。「これを読むだけでも次に作る料理が断然違ってくる」とは、これらの本をスタイリングした池水陽子さんの撮影時の名言。まさにそう！　その通りなのである。

平野由希子『材料も作り方も引き算しておいしくなるレシピ』２００６年、主婦と生活社

『平野由希子のおいしい理由。――みんなにほめられる、何度も作りたくなるレシピ』２０１０年、主婦と生活社

ハンバーグ、グラタン、肉じゃが……。

『ケンタロウんちの食卓』

日々のごはんは、冷蔵庫にある野菜や肉で炒め物、葉物野菜を炒め蒸し、豆腐はそのまま冷奴に、などなど、これという名がつく料理はほとんどしない。けれども、たまには名のあるものをきちんと作りたくなるときがある。

私のハンバーグは、なんでもチャチャッと適当に作る母のレシピを真似たもの。ちゃんと料理を教わったことなどなかったけれど、少しは手伝いもしていたので、なんとなく脳裏に残っている記憶で作ってきた。合いびき肉に炒めたみじん切りの玉ねぎと牛乳に浸したパン粉（時々は残った食パンをちぎってそうしていたこともあった）、塩、こしょうを加えて混ぜ、小判形にまとめて真ん中を少し凹ませて、フライパンでジュージューと両面こんがり焼いて取り出し、その焼き汁にケチャップとソースを適量ずつ加えて（砂糖もちょっと入れていたかな）ソースを作り、取り出したハンバーグをフライパンに戻してソースをからめる、そんな簡単なものだった。それでも、残り野菜を合わせたような名もない炒め物が出てくる晩ごはんよりテンションが上がり、とにかくうれしかった子ども時代を時々思い出す。

結婚していつか自分の子どもにハンバーグを作る日が来たら、お母さんのはこんなレシピなんだよ、と言えるようになりたいなと思って、編集者という仕事柄、撮影現場でいろいろなハンバーグを学び見るようになった。『ケンタロウんちの食卓』は、きちんと名のあるメニューを覚えたい一心で買い求めたものだ。ケンタロウさんがちびっこだった頃にもスペシャルだった、ハンバーグやマカロニグラタン、ナポリタン、唐揚げなど、男子じゃなくても胃袋をわしづかみにされるメニューが次々登場する。いつの日かやってくるかもしれないお母さんとしての時間のために、私は毎日のように本を開き、明日はあれ！ 週末にはこれも作ろう！と没頭していた。

〈麻婆豆腐〉、〈ビーフカレー〉、〈手巻き寿司〉、〈ぶり照り〉、〈冷やし中華〉、〈大学いも〉に〈ドーナッツ〉……これほどまでにごちゃ混ぜな、なんでもありな料理本はそうそうない。けれどもなぜかストンと腑に落ちるのは、ケンタロウさんだからだろう。他の誰にもできないケンタロウさんの醸し出す「僕がおいしいと思う料理」の源には、おいしいものを嗅ぎ分け、味のわかる舌を育ててきた小林カツ代先生がいる。幼いケンタロウさんが頬張ってきたカツ代先生の料理と、それで育ってきたケンタロウさんのレシピは、お母さんも、子どもも、男子もみんなが好きという最強なものなのだ。だから、洋風も中華風も和風も関係ない。家庭料理とは本来そういうものだということもこの本に教わった。

家族の好きなものを、ガツンと！　この本は料理下手な私の心の救いとなるレシピ集でもあったし、いつかダンナもケンタロウさんのレシピで、（たまにでいいから）料理を作ってくれる人になるといいなぁという願いを込めて、いつも本棚のわかりやすい場所に置いてきた。が、ダンナにとってこの本は、食べたいものをリクエストするメニュー集だったようだ。ガクン。そして、私は母になることもないまま50代になった。Ｗガクン。

あの頃覚えたハンバーグやマカロニグラタンは、いつしか自分流になりつつも、時々遊びに来る姪や甥、若き仲間たちにも好評で、「おいしい！」と声が上がっている。だから思う。目的は果たせなかったけれど、これでいいのだと。

ケンタロウ『ケンタロウんちの食卓』２００５年、講談社

ケンタロウ『小林カレー』

カレーライスなんて、料理本を見ながら作るものでもないと思ってきた。私が持っていたカレーの本はたった1冊。ケンタロウさんが2008年に出したこの本のみ。ページをめくるたびに大波でやってくる、音楽フェスのようなライブ感がなんとも言えずいいなぁと思ったから。本の中でケンタロウさんが作るカレーからは、男子が野外でワイワイ作るもの的なムードが漂う。そう、カレーはこうでなくちゃ。この「カレーできたよー！」な感じが、全編にわたりきっちりにじみ出ているのがとにかく気持ちよかった。だから私は、疲れたとき、元気が欲しいとき、この本を開いてきた。

ケンタロウさんのカレーは、クミンやチリペッパーといったスパイスやカレー粉も使うけれど、市販のカレールウも使う。カレーの本と謳っていて、ルウも使うおおらかさもたまらなくいい。

今も時々、手にしては、写真集をめくるかのように読み返す。鍋中でグツグツとおいしそうな音をたててカレー色に染まっていく具材のことや、カレーを作りながら談笑している人たちのことを妄想しながら読んでいると、「今日はうちもカレーにしようかな」、最後のページをめくるまでもなく、そんな気にさせられてしまう、カレー応援歌な本なのだ。

きっとこれからもこんなカレーの本が出ることはないだろうなぁ。自分の本棚にあるカレーの本はこの本だけでいい、などと思ってきた。が、2021年、意外にも自分がカレーの本を編集することになり、スパイスの組み合わせの妙や味わいの深さ、おいしさにすっかりハマってしまった。それで今さらではあるけれど、カレーといえばの、ナイル善己さん、水野仁輔さんらも名を連ねる東京カリ～番長の本などを買い求め、あれやこれやと楽しく作り始めたところである。（2008年、幻冬舎）

ごちそうは ひとつあればいい。

『実は、一菜でいい。』

今日のごはん何にしよう。毎日、どこかしらのタイミングで考えることだ。前の晩から考えることだってある。毎日のことだからとは言え、人間、死ぬまでに食べる食事の数はある程度決まっているし、一日3食と考えても、そう多くはない。だから私は1食たりとも「これでいいか」にしたくないと思っている。けれども疲れ果て、1品しか作れないときもあるし、買ってきたおかずを並べるときも、まぁ、滅多にないけれど、時にはある。そういうときは一点豪華主義。なんてことはない洋服でもこれぞと思うポイントになる何かを合わせれば、それなりに見える！　逆になんてことないものだけでまとめると、インパクトに欠ける。私は食卓もそんなふうに考える節があり、なんの印象にも残らない食事にはしないよう心がけている。

10年以上にわたり、連載をご一緒している日本料理店「賛否両論」のマスター笠原将弘さんの作る料理は、定番ものにひと捻りある小技に心くすぐられる。特に家庭料理においてはそうだ。和食だからといって決して敷居を高くしすぎず、けれども基本を押さえ、かつ誰もが「あぁ、あれね」とわかる材料で作るところもいい。和食の基本をとことん叩きこまれてきたからこその素材や味の組み合わせと、そこにちょっとだけ粋にプラスされるエッジのきいた洒落と流れるような手順。それでいてプロフェッショナルな技が冴えたレシピが毎度さらりと届くたび「参りました！」と、パソコンを前に思わず両手を挙げる。

そんな私の、試食の感想や撮影時の興奮したコメントにいつもクールに対応するマスターだが、お手伝いさせてもらった著書『実は、一菜でいい。』には、家庭料理への熱い想いが吐露されていて、レシピはもちろんのこと、そのエッセイにいたく胸を打たれてしまった。「やらなくていいことはやらない」、「見るんじゃない、感じろ」などのタイトルのエッセイの奥には、無駄を省いて本質のことをする、料理は五感を使って作ってほしいなどの話が詰め込まれている。なんでもかんでもレシピ通りにすればいいということではなく、すぐ調理をするならアク抜きをしなくてもいいし、15分煮るとあっても、素材がまだ煮えていなかったらもう少し煮ればいいのだ。アク抜きだって、晒しすぎると味も香りもなくなってしまうこともある。もっと自分の感覚を信じて料理をしてみるべきとマスターは言う。観察力、洞察力、想像力。この3つの力を意識して料理を作ってみてほしい、本来料理とは楽しく自由なものなのだからと。

ちなみにマスターはいつもおいしいもののことばかり考えているそうだ。例えば、白飯にナポリタンをぶっかけて食べたらうまいだろうなぁとか、中トロでウニを巻いて、イクラもかけたらやりすぎだろうか、とか。それもこれも含め、なんの迷いも感じられないビシーッと筋が通った言葉と脳内を知り、やっぱりこの人の「おいしい」は、こういうまっすぐな思いから生まれ出るものなんだなぁと納得。何度もそうそうとうなずき、膝を打った。

詳しくは、本を読んでいただきたいが、この心意気が数々のヒットを生んでいるのだと、原稿を読み、惚れ惚れ。今の時代に喝を入れたうえでの愛ある言葉に込められたのは、「家庭料理はおおらかであっていい」という想いだ。ドカンとひとつ、おいしいおかずがあれば、日々の食卓はそれでいい。どんなに忙しいときも、疲れているときも、人は食べる。だからこそ、その1食を無駄なく、大切にしたいというマスターの気持ちが簡単でおいしく出来上がるレシピに込められている。

この本が完成してからの私は、今日のごはんを何も思いつかなかったら、ページを開いたところのおかずを作るようになった。毎度、ハズレがないし、どれもご飯に合うし、だいたいはお酒にも合う。それでいて至極簡単。だから、今日も1日お疲れ様と、ようやく食卓につくのが夜10時を過ぎる日もこの本があれば、何とかなる。そんな頼りになる小さな1冊には、マスターの洒落がきいた料理がぎゅう詰め！　ポテトサラダとマカロニサラダの両方を食べたいと思ったから作ってみた〈新じゃが、マカロニサラダ〉やお肉がちょっとしかないときに思いついたという〈新玉ねぎのしょうが焼き〉〈新玉ねぎ3個に対して豚バラ肉１５０グラムの逆転思考〉はわが家の定番。どんなにアイデアが浮かばないときでも、マスターが見てる！と思うとなんだか気が楽になる。こうやってこの本のレシピも少しずつ自己流と混ざり合い、自分の中に自然とおさまっていくのだろう。

笠原将弘『実は、一菜でいい。——おいしいおかずが一品あれば、それで充分という提案』２０２０年、ＫＡＤＯＫＡＷＡ

笠原将弘さんの別腹

笠原将弘『鶏大事典』『超・鶏大辞典』

鶏肉専門店でさまざまな部位を買い込んできたときは、『鶏大事典』と『超・鶏大辞典』を嬉々として開く。鶏むね肉のおいしさは、この本から教わった。むね肉のしゃぶしゃぶや、むね肉の炒め物はもう何度作ったかわからないほど。パサつくイメージのむね肉をこんなにもしっとり、ふわっと仕上げられることに感動し、その技に何度も膝を打った。この2冊のおかげでわが家の鶏肉料理率が一気に上がったのは言うまでもない。（２０１７年、２０１９年、いずれもＫＡＤＯＫＡＷＡ）

ご飯がごちそう！

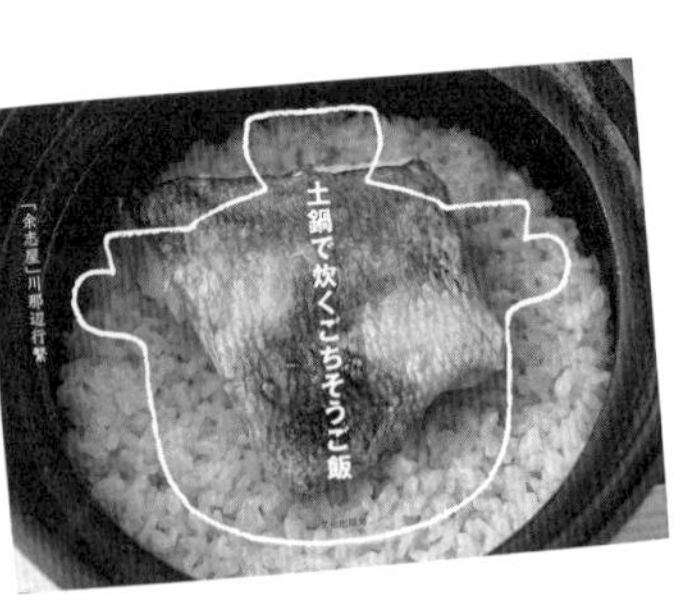

『土鍋で炊くごちそうご飯』

一点豪華主義というと、おかずばかりを想像する人もいるだろう。私もずっとそう思いこんできた。2009年に京都の先斗町で60年以上続く割烹料理「余志屋」の大将 川那辺行繁さんの『土鍋で炊くごちそうご飯』の編集に携わり、ご飯という手があったかと頭の中の電球がピンと音を立てて点灯した。つまり、炊き込みご飯やちらし寿司などがあれば、たいしたおかずはなくともごちそう感が出るということを知ったのだ。

余志屋ではお造りや、ぐじを焼いたもの、鴨まんじゅうなどの料理をひと通り食べた後、「よかったら、季節のものを炊き込んだ釜ご飯もございます」と言われる。そこで釜ご飯を頼まない人はないくらい愛されている料理で、大将が炊き込む季節の素材の組み合わせを読み上げるだけで、口の中に唾が溢れた。

「いつものじゃこご飯に、よかったら季節の豆も入れられます」、「今なら鱧もご用意できます」といった具合に。そんなこの店の名物を一堂に集め、さらにふだんお店でも食べることができない釜ご飯をまとめたのが『土鍋で炊くごちそうご飯』。お店で人気の〈じゃこご飯〉をはじめ、本作りに関わった全員がそのおいしさに狂喜乱舞した〈芋がゆ〉まで、塩やだしを加えて炊く炊き込みご飯を筆頭に、おかゆ、汁物、おばんざいまで網羅されている。私の一番のお気に入りは、〈卵ご飯〉。ふたを開けた瞬間に目玉が2個現れる姿に歓声が上がるのがうれしくて、人を呼んでのごはん会のたび、もう何年もメにはこれを作ってきた。そしてそのたびに家庭に向けてのレシピ集ということで、何度も試作してくれた大将の「どうや？」という満面の笑みが浮かぶ。

もうひとつ、忘れられないのが、こんなにご飯をたくさん試食した後に、大将がお疲れ様と作ってくれた「三嶋亭」（注1）のみっちり刺しが入った牛肉をこれでもかと使ったすき焼き。あんなにご飯をもりもり食べた後なのに、スルスルと胃袋におさまっていく牛肉の量に、カメラマンさんもスタイリストさんも、もちろん私も我ながら驚いた。それを見ながら顔をくしゃくしゃにして笑い、もっと食べろと大胆に肉を追加する大将の手の厚みを思い出す。

自分で作るのもいいけれど、やっぱり大将の作った料理が食べたいなぁ。本を開くたびにレシピよりもおいしい顔が浮かんで、本人に会いたくなってしまうんだよなぁ。

川那辺行繁『土鍋で炊くごちそうご飯』２００９年、文化出版局

注1：創業1873年。京都寺町三条にある老舗すき焼き店。全国各地の最高級黒毛和牛が味わえる。肉のみの買い物もできるここで、大将はたんまり牛肉を買って自ら調理してくれた。

外国の匂い1 イタリアの香り

『トスカーナ 美味の教え』

本格的なイタリアンを家で作ろうだなんて大それたことを考えることはそうそうないけれど、ちょっとイタリアンな雰囲気を食卓に持ち込みたいなと思うことはよくある。そんなときは迷わず、近所の人気イタリアンレストラン「オルトレヴィーノ」のマダム古澤千恵さんの著書『トスカーナ美味の教え』を開く。トスカーナで10年以上暮らし、今も日本とイタリアを行き来している彼女とご主人が切り盛りするお店の味わいは、イタリアそのもの。彼らの作るもの、出すもの、選ぶものを見ればそれが本物だってことはわかっているつもり。イタリアのアンティークを配したお店のインテリアや器使いもまた、料理にグッと引き込まれる要素のひとつで、そこで食事をするたびに、イタリアのシンプルなおいしさを自然と叩き込まれているような気がしてならない。

そんな彼女が書くイタリアは、暮らすイタリア。だから市場やトスカーナのご自宅のキッチンが出てきたり、ちょっと土っぽい器に盛られた、現地で教わった、食べてきた料理やレシピが並ぶ。私はそれを読み、彼女が作る味に重ね合わせるようにしてイタリアを想い、スパゲッティやペンネをゆでる。すると単純なものでなんだかいつもより塩やオリーブオイルがおいしく感じられる気がしてしまう。この本には遠いイタリアと、鎌倉の近くて本当のイタリアが潜んでいるのだ。

スープスプーンで計って作るイタリアの素朴な焼き菓子や、疲れたときにイタリア人が食べる〈スパゲッティ・アル・ビアンコ〉（ゆでたてのパスタにたっぷりのオリーブオイルとパルミジャーノレジャーノをかけたもの）、著者が敬愛するアンナさんから教わった肉をおいしくする方法「マリネをして、さらにマッサージをする」など、読みながら思わず声に出てしまう「へぇ」がたくさん。そんな話を読んだ後に〈鴨のオレンジソース〉のレシピを見ながら、鴨に塩、こしょうしてマッサージする自分を想像しては、やる気が湧いてきたりするから不思議。

その土地に育った人が現地の料理を語るのは言ってしまえば当たり前のことだけれど、旅人として訪れ、そこに暮らして体に沁み込ませたレシピには、異国を受け止め、馴染ませてきた感動も含まれているように感じる。古澤さんの長年の経験が織り込まれたこの本は、どこから読んでもイタリア。トスカーナの家に招かれたがごとく、現地の味わいや市場の賑わい、どこまでも続く広い空や長く続く道までも脳裏に浮かべ、大いに影響を受けながら、ちょっと鼻歌まじりでキッチンに立てるのだ。

古澤千恵『トスカーナ 美味の教え——イタリアのおいしい料理54』２０１５年、筑摩書房

外国の匂い2
チーズの本と藝林荘

外国への憧れを一番身近に感じるものとして、自分でも手に入れ味わってきたのは、チーズだった。今となっては奥が深すぎて、手近なものとは言えなくなってしまったけれど、20代の私はナショナルスーパーマーケットや紀ノ國屋でごくたまに贅沢をしてチーズを買っては、特に何をするわけでもなく、冷蔵庫に鎮座する横文字が書かれたパッケージの姿に胸をときめかせていた。

そんな頃、古本屋さんで出会った『チーズの本』。初版は昭和37（1962）年。私が購入したのは昭和44年の15刷目となるものだった。今はもうなくなってしまった鎌倉の雪ノ下にあった小さな古本屋さん「藝林荘」で見つけたもので、そこは鎌倉に因んだ本はもちろん、興味をそそる料理書や食に関する本がどれもきれいに磨かれ、美しく書棚に並んでいる、実にいい古書店だった。結婚してからもダンナとここを目指してよく散歩に行った。夫婦そろって顔を出していたからか、時々話をする

『チーズの本』

ようになり、おかげで本の好みも知っていただき、いろいろ教えていただいた。そこでそれぞれ好きな本を買って、帰りにちょっと一杯やって、家に着いたら買ってきた本をそれぞれ見せ合うことを愉しみにしていた、そんな週末を過ごしていたことを、この本を開くとたまに思い出す。ああいう本屋が街から消えていくのは、本当にさみしい限りである。

前半にチーズの作り方や、歴史、世界のチーズの種類などが解説されていて、後半にチーズを使った料理といった構成。カナッペ、トースト、スープ、卵を使ったチーズ料理、ドリアやグラタンは、〈シュリンプ チーズ ドーリア〉、〈クラブ コキール モルネー〉なんて洒落た料理名で記されている。「ミート ローフ チーズ Meat Loaf in Cheese 」とカタカナと英語で並記された料理名の後に「肉とチーズの固め焼き」とくるのが、なるほど納得の翻訳でもあり、ちょっと笑えるものでもあり、ただメニューを追っているだけでも外国を妄想できるハイカラさもこの本が好きな理由のひとつ。

〈ミンス ミート パルマンティエ スタイル〉のメニューを見つけたときは、『ハリー・ポッター』のシリーズや『ブリジット・ジョーンズの日記』にも出てくるミンスパイ!?（注1）と思い、興奮したが、アッシ・パルマンティエという、牛ひき肉とマッシュポテトを層にしてエダムチーズをのせてオーブンで焼いたフランスの料理で、イギリスでいうところのシェパーズパイのような料理だった（ミンスのルーツが同じとは言え、まったくもって似て非なるものだった）。メニュー名を読んでは想像をめぐらせ、ワクワクしている感覚、わかっていただけるだろうか。

この本はほとんどが文章で、少しのモノクロ写真とイラストによって構成されている。けれどもそ

注1：干しぶどうやプルーンなどのドライフルーツ、柑橘類、りんごなどをみじん切りにして洋酒とシナモンやクローブなどに漬け、寝かせたミンスミートをパイ生地に包み焼いたもの。イギリスではクリスマス時期に欠かせない。

のイラストがまた、私の外国憧れ琴線をくすぐる味わい深いもので、いつかこんな絵を挿絵にした料理書が作れたらいいなぁと思ったくらい、いい存在感で本に味わいを加えている。もしもこの本を手にする機会があったら、ぜひそのあたりも見ていただけるといいなぁと思う。

余談になるけれど、薄く艶々とした紙に写植印刷された文字のインクの凹凸を手で何度もなでるのが気持ち良くて、この本を読むときの癖になってしまった。かれこれ60年以上も昔の本なのにどの本よりも外国の匂いがするのは、憧れの度合いが大きかったからか。なんでもすぐ検索できて、動画を見て旅したような気分になれる今にはない、キラキラとしたものが詰まっているように思えてならないのだ。

河合勝一・平野巳之助『チーズの本』１９６２年、婦人画報社

新しい「煮込み」

『フランス人が好きな３種の軽い煮込み。』

『フライパン煮込み』

料理本を編集するとき、著者の方々が出してくれる料理案をひとつずつ読むのが好きだ。想像力を掻きたてられる外国語の料理名らは、いくつかの段階でわかりやすさや、使用した材料などによって残念ながら少しずつ変化をとげる場合もあるのだけれど、個人的にはカタカナが連ねてあるわかりにくいメニューが好み。けれども編集者さんから「料理名はわかりやすく」と言われてしまうことも少なくないし、外国語にするなら、説明を入れて欲しいと言われることがほとんどだ。レシピにはわかりやすさが必要だけれど、料理名は「え？　どんな料理!?」と思わせる含みがあったほうが楽しみが増えると思うのは私だけなのだろうか？　なんでもわかってしまうって、つまらない。その先に何があるのかを想像するのが楽しいのに、と思う。

〈豚肉のバスケーズ〉、〈鶏肉のパロワーズ〉、〈かきとねぎのフリカッセ〉、〈いかのファルシ〉などが並ぶ上田淳子さんの『フランス人が好きな3種の軽い煮込み。』に出てくる料理名は、わかる語句とわからない語句がありつつも、ワクワクするものが多い。

タイトルに「フランス人が好きな」が付されたこのシリーズは、他にも数冊あるようだけれど、何より「軽い煮込み」という言い回しに、ほぉと思わず手をのばさずにはいられなかった。煮込みとはそれなりに長い時間コトコト煮るものであって、軽いとはいったい何ぞや、と思いながら読み始めたら、豚肩ロースとドライフルーツを白ワインで煮込む組み合わせや、〈ルバーブといちごの軽い煮込み〉など、マリアージュの妙にも感服することの連続で、しばらくは夜な夜なベッドに持ち込んでは夢の組み合わせを貪り続けた。意外なことにそれを続けていくと、かぶの葉を炒めてふりかけ的に常備しておこうかと思っていたのに、そこに豚ひき肉や鶏ひき肉を加えて、バルサミコ酢や白ワインビネガーをふったりしだす自分がいたりするから、気づかぬうちに頭の中で食材の組み立てがそういうことになってきているんだとうれしくなったりした。

そうかと思うと、〈ブイヤベース〉、〈ボルシチ〉といった一度腰を据えてやってみようと思う王道のメニューもしっかり載っているし、さらにはそれぞれの工程の内容がまず表記されているのもいいなと思った。例えば、「1 具材の準備をする」、「2 肉を焼き、取り出す」、「3 煮汁を作る」といった具合に。そのバランスの良さが人気の理由なのだろう。おかげできっちりレシピを追わずともだいたいの流れがあっという間に把握できるから、何かを作ろうと思ったときにも考えがまとまりやすい。スイスやフランスで専門料理を学び、習得してきた著者からレッスンを受けているようなこの本は、何か外国風なものを作りたいなと思うと時々開くようになった。いつか〈ボルシチ〉あたりからやってみたいなぁとは思っているけれど、まだ実際に作ってみたことはない。

煮込みということで同じ時期に手にした『フライパン煮込み』は、お菓子のレシピ本も含め、数々のヒットを飛ばし続けている料理家の若山曜子さんによるもので、ご飯にかける煮込みがタイトル通り、フライパンひとつでできるとある。煮込みというと、もつ煮込み、肉じゃがとなぜかしら和風に転びがちな私の考えを止めたのは、粒マスタードとともに煮込まれた鶏肉らしき煮込みがご飯と一緒盛りになったカバー写真だった。

幼い頃、夕飯にクリームシチューが出てくるとご飯と合わせるのがなんとなく微妙な気がしていた。しかも当時はスープ皿っぽいものにシチュー、ご飯は迷うことなくお茶碗に盛られていた。そのシチュエーションが、幼いながらも私には受け入れ難かった。ファミレスでクリームシチューを注文して、パンかライスかを聞かれるたびに、自然とパンを選んできたのも潜在的にそういった意識があったからだろう。別にご飯でもまったくもって合うんですよと、このカバー写真は堂々と私たちに突きつけてきている。よくよく考えてみたら、それは何というか、ご飯で育ってきた私たちの、洋風の煮込みはパンと合わせるべきという、外国憧れ脳と羨望にとって洗脳のようなもので、若山さんが提案する〈鶏もも肉のプチトマト煮〉や〈ソーセージとキャベツのザワークラウト風〉といったご飯とともに盛り合わされた煮込みは、ページをめくるたび驚きとともに続々と現れた。ときには、パスタが添えられたり、ご飯にパセリが混ざっていたりと、こちらの衝撃をなだめてくれる。と同時に「恐れ入りました」と、何度頭で唱えたことか。

考えてみればカレーをナンで食べることはお店ではあるけれど、家ではなかなかない。少なくとも私はない。ひき肉を煮込んだものはご飯と盛り合わせるにはわかりやすく、うってつけだけれど、〈鶏もも肉のレモンクリーム煮〉や〈豚肉のプルーンロールの赤ワイン煮〉など、寄り添わせるものにパンを想像しがちな料理名にもしっかりご飯が合わせてあるところで気づいた。これは、外国の香りのするものでありながら、フライパンひとつで作れて、しかもひと皿盛りできる、ガッツリみんなが欲していることを一気に掻っ攫っていった本だった。

もれなく著者の若山さんも、フランスで国家資格を取得したのち、パリのパティスリーで経験を積んでこられた、外国で学び、修業を重ねてきた方。そういう人が残すレシピには、現地の本物の香りと旅人としての思考、それに自国の潜在的意識が自由に編み込まれたようなおいしさが積み重ねられている。どこかしら外国の匂いがするのに、なぜかほっとしたり、作ってみようという気にさせられるのも、そんな理由があるからなのではと思うのだ。

上田淳子『フランス人が好きな3種の軽い煮込み。』２０１７年、誠文堂新光社
若山曜子『フライパン煮込み』２０１９年、主婦と生活社

長尾智子『デイリーフード』

自分で料理をするようになり、器や料理の仕方などにも興味を持ち、あれやこれやと料理本を買っては読んでいた30代の初めに買った長尾智子さんの『デイリーフード』は、何度もページをめくっては妄想と想像で外国を行ったり来たりした1冊。「ミジョテ」という言葉を知ったのは、この本からだった。

ミジョテとは弱火で煮込むということだそうで、この言葉の持つ外国の雰囲気にまずはやられてしまった。けれどもデイリー＝日常というタイトルだけあって、決して洋風なものばかりが並んでいるわけではない。衝撃的に美しい〈お刺身のたたきサラダ〉はどこからどう見ても洋風なのだが、香菜やディル、バルサミコ酢などとともにしのばせているものが、何と塩昆布だったりするのだ。里芋をローストして塩で食べるという、シンプルなすご技もこの本で知った。どれもこれも海外の人が日本を想って拵えたような、思わぬ素材や調理法の組み合わせに目を見開いたし、作ってみて味わうおいしさと驚きに目を丸くしてきた。そのたびにメニュー名の下に小さく刻まれたひと言を読み返す。「里芋を丸ごと焼くと、皮がまるで調理器具のような役目をしてくれる」、「ゆでたじゃがいもは木べらで炒めながら切って形をランダムにする」といった言葉に深く相槌を打ち、胸に刻んできた。いわゆる「野菜」、「肉」などといった素材斬りでもなければ、「焼く」、「煮る」、「炒める」といった調理法斬りでもない「ミジョテ 弱火で煮込む」、「野菜のつぶし方」、「酸っぱいはおいしい」、「ときどきロースト、ときどきグリル」、「クミンとエルブ・ド・プロヴァンス」などの自由な章立てにもワクワクが止まらなかった。

長いこと章の始まりの話を繰り返し読んでは料理にチャレンジし、また読み返し、意味を考える。そんなことを繰り返してきた。私が柄にもなくエルブ・ド・プロヴァンスをキッチンに欠かさないようになったのは、この本のおかげである。（2005年、文化出版局）

煮込みの別腹

おばあちゃんになったら読もうと思って。

『The Good Cook Techniques and Recipes』シリーズ

アメリカでは70年代に、日本では80年代の初めに発売された『The Good Cook Techniques and Recipes』（Time-Life Books）を揃いで持っている。すごくいい本だが、すぐには読みきれない。なぜそんな本を持っているのか、それを語ると少々話が長くなる。

後生大事に持っていた『世界少年少女文学全集』を思いきって手放してすぐのこと。これで本棚に少し余裕ができたとほっとし、もうシリーズものは集めない、集めるとしたらLIFE社の『Food of the World』のうち気に入っているものだけ、1冊ずつ買い求めようと思っていた矢先、説明するにはややこしい仕事関係の諸事情により、わが家に『The Good Cook Techniques and Recipes』が一気にやって来た。正確に言うと、数冊欠品していたが（その後、それを買い取った書店からはていねいに、欠品していたものが揃ったのでどうですかと、連絡をいただいたが）、未だ全巻未揃いのまま、かれこれ10年近くが経とうとしている。さらに言うと、目の前で『Food of the World』を全巻一気に購入する知人を目の当たりにして、いろいろな意味で意気消沈。そのときは買う気も読む気も失せてしまった。それでも意図していなかったほうのシリーズ『The Good Cook Techniques and Recipes』を引き受けることにしたのには、ふたつ理由があった。ひとつは、ハードカバーの表紙を開いてすぐのページ（見返し）にちりばめられたそれぞれの料理をイメージした挿絵が、昔、本の中で憧れたアメリカの少女の部屋の壁紙のように可愛らしく、いい意味でおしゃれではないドメスティックな感じだったこと。もうひとつは、次から次へと続く本格的な料理の解説にグッときてしまったからだ。皆が持っているシリーズではないほうというのも、天邪鬼な自分的にグッときた。

『世界少年少女文学全集』で空いた本棚の隙間では入りきらない量とサイズのシリーズ本が想定外にやって来たので、しばらくそれらは部屋の片隅にドンと積み重ねたままとなった。買い取ったとき、瞬時に思ったのは、このやりがいのある料理本はいつかおばあちゃんになったらゆっくり開いて、ひとつずつ制覇していくのを愉しみにしようということだった。それからの数年は、本の山の前を通り過ぎるたびになんとなく顔を横にしてどんなタイトルのものが揃っているのかを読むようになった。

１９７８〜８０年にかけてアメリカで出版され、80年代前半には邦訳版が発売されたにもかかわらず、検索しても日本語の解説らしきものはほとんど出て来ず、ヒットするのはほぼ原書によるものばかり。確か全28冊で完結。そのうちわが家には25冊が揃っている。「Pork（豚肉料理）」、「Patisserie（パティスリー）」、「Grains, Pasta & Pulses（パスタと豆と穀類の料理）」、「Terrines, Pâtés & Galantines（テリーヌ　パテ　ガランティーヌ）」、「Biscuits（ビスケット）」、「Game（野鳥と猟獣の料理）」、「Soup（スープ）」、「Eggs & Cheese（卵とチーズの料理）」など、自由なカテゴリー分けもおもしろい。これらを開いてみようと思ったのは先頃、本棚にようやく収まったことで全巻揃ったわけでもないのに、ピシッと「整いました」的なモードとムードになったから。

でも、正直まだ1品しか作るに至っていない。朝思い立って夕方の食事の時間にようやくひとつ出来上がればいいくらい、どれも本当に手まめに、こと細やかにプロセスカットと解説（1カットにつき、少なくても１５０語くらい、だいたいは２００語超）がついているから大変というのと、まずは読んでみようという気持ちのほうが勝ってしまう。

読み始めると料理そのものも、発想もおもしろいことに気づく。〈Nastoyashchaya Buzhenina, v Sennoy Trukhe s Pivom（干し草の香り漬け豚肉のビール煮）〉は、塩をふった豚もも肉を布に包み、干し草とともにゆでてから薄切り野菜やハーブ、ビールとともに煮たもの。本書によれば「17世紀以降の料理書に豚もも肉を干し草とともにゆでるとやわらかくなると書かれているが、それが真実かは疑問である」とも書かれている。このように「どうやったら？」と思うような料理もあれば、ベーコンをカリカリに焼く、皮つきソーセージに焼き色をつけるといった基礎的なことも懇切ていねいに解説がされている。このコントラストが料理辞典を読んでいるようで楽しくてならない。

そうかと思うと、近いうちにやってみようかなとやる気にさせるような〈かりかりの皮をつけたイギリス風ロースト・ポーク〉、〈焼き汁でつやをつけるフランス風ロースト・ポーク〉なんていうレシピも出てくる。両者の違いは、イギリス風は皮をつけたままオーブンで焼き、皮をカリッと中をジューシーに仕上げる。フランス風は焼き汁をかけながら蒸し焼きにし、艶をつけるタイプ。どちらもおいしそうだし、オーブンに任せておけばなんとかなりそうだ。今まで自己流でザザッと作っていたミートソースはこの本から作ってみたので、続けてホワイトソースもやってみようと思っている。

ところで最近、お菓子作りに夢中の私だが、手元にあまりにもお菓子のレシピブックを持ち合わせてないことに気づき、そうだ、こういうときこそ！と、嬉々として本棚から「Patisserie」「Cakes & Pastries（ケーキとペイストリー）」「Confectionery（砂糖菓子）」などを開いてはみたものの、壮大かつ本格的すぎる手順と仕上がりにパラパラとページをめくる程度に終わってしまった。いつか気分が乗るときがやってくるかもしれないけれど、それは今ではなかったようだ。

おばあちゃんになったら、ゆっくりやろうと思い、本を揃えて早10年。まだ、そこまでには至っていないけれど、齢50を超えて数年経ち、いろいろな意味でゆっくりする時間も増え、「さて何をしようかな」という時間は、意外とすぐそこに迫って来た。ひょんなことから舞い込んできた25冊が今後の人生の手習い時間を豊かにしてくれるのはページをめくっているだけでもよくわかる。がっつりその時間にハマる前に、今から読み進め、予習をしておこう。

『The Good Cook Techniques and Recipes』(Time-Life Books) 全28巻、1978〜1980年、タイム・ライフ社

レシピに似合わない漢字

レシピ本に使われている漢字が気になるときがある。食べるという行為に対する、おいしい、楽しい、うれしいといった個人的なイメージがそうさせるのだろうけれど、「串に刺す」、「うろこを剥がす」、「水気を絞る」などといった、痛みを連想するような漢字がレシピに出てくると、どうにも引っかかってしまう。編集者という仕事柄もあるのか、食べることへの夢が大きすぎるのか、これらの漢字が出てくると、おいしい、食べたいということとイコールにならない。つまり、つながらないのだ。

そもそもそんなことを考えるようになったのは、出版社で料理の雑誌を編集しているときから。入社後、『記者ハンドブック』なるものを渡された。会社のルールに則った文字づかいをしてくださいね、ということなんだが、本の内容によってはそうもいかないものだってある。極端なことを言えば、絵本なんてまったくもってそのルールには則さない。ハンドブック内に定められた漢字と、おいしそうな料理を解説するべく用いられる言葉とのギャップに思い悩んだ。

フリーの編集者になり、料理家の方々と本作りをするようになると、その思いはますます強まっていった。それが解決したのは、『高山なおみの料理』（ｐ２１７）で、高山なおみさんと本作りをするようになってから。一字一句、呼吸をするように自分のレシピを確認する高山さんとやりとりする中で、「ここは漢字にする」、「ここはひらく（ひらがなにするということ）」と決めていったとき、痛い漢字に対してすんなりひらがなにしていく高山さんがいて、スーッとレシピが読める気持ちよさになんとも言えない清々しさを覚えた。そして、食べることを伝えるにはやさしくないと、と思い知った。

とは言え、それもこれも言ってしまえば、感覚でしかない。それもその人なりの。だから私は、料理本を作るときも、それ以外の本のときも、何を伝えるかを一番に言葉の表し方を考える。料理のときは、味わいや食べたくなるような想いを伝えたいから「刺す」や「剝がす」などといった見た目に痛い漢字は使わないことが多い。では、料理に一番使われるといっても過言ではない「切る」はどうなの？と言われそうだけれど、まぁこれに関しては、慣れとでもいうのでしょうか、これが当たり前になっている。

痛い漢字でなくても、「濡らす」という漢字も、私的にはいただけない。よく「濡らしたふきんを」というようなフレーズがあるけれど、ここはやはり「ぬらしたふきんを」としたい。理由は「濡」という漢字が妖艶なイメージで、食卓の清潔なイメージとはどうも相反するもののように思うから。もしかしたら、本の内容によって、いや料理家さんによってはこの漢字を使いたいときが来るかもしれないけれど、未だかつて27年間、そう思ったことはないし、そう思える方にもまだ出会っていない。

時々、料理本を開きながら漢字や言葉の使い方だけを眺めてしまうときがある。特に細川亜衣さんの『野菜』や、根本きこさんの『酒の肴、おいしい愉しみ』は、みずみずしい言葉づかいがさまざまな料理を連想させ、食卓へと誘ってくれる。かってのおふたりの著書や、いただいたメールの文面からは、どこかしら作家の森茉莉さんを思わせるところもあった。おそらく、食べることにも文章を書くことにも貪欲なおふたりだからこその言葉の紡ぎ方なのだと思う。

ただの説明文ではないレシピに含まれる言葉の重みは、作る人の心にそっと手を当てるように意外なほどやさしく降りてくるのではないかと、いつもレシピを校正しながら思う。かつ、そのつどその本に、著者に、レシピそのものに合った言葉や文字を考えている。

高山なおみ『**高山なおみの料理**』２００３年、メディアファクトリー／２０１４年、ＫＡＤＯＫＡＷＡ
細川亜衣『**野菜**』２０１７年、リトル・モア
根本きこ『**酒の肴、おいしい愉しみ**』２００６年、集英社

季節の変わり目に開く

まさか自分が季節ごとに保存食を仕込むようになろうとは、まったくもって想像もしていなかった。祖母も母もそれなりに料理上手ではあったけれど、大勢の家族や親戚にパパッとあれこれ作って、「どんどん食べてって」という大雑把な性分で、季節を慈しみ、何かをいそいそ仕込むということではなかった。これを保存食と呼ぶにふさわしいかどうかはわからないけれど、祖母と母がともに唯一せっせとやっていたのは、ぬか漬けと冬の白菜漬け、時々らっきょう漬けくらい。振り返ってみるとそういった環境のもとで育った私に季節ごとの保存食というものは縁遠すぎて、頭に浮かぶことさえもなかったのだ。それがどうして旬を待ちわび、「あれが出たらこれをやっておこう。あぁ、これもやらなくては」と思うようになったのか、それは簡単に言ってしまえば仕事柄でしかない。マメな先生方の仕事ぶりを目にし、その先においしいものがあるのだということを身をもって教わり、ならば

『かえる食堂
干したり漬けたり』

やってみるかと重い腰を上げてみたら、ズブズブと作る楽しみと味わう楽しみにハマってしまい、すでに15年ほどになる。

季節ごとに広島の実家に帰っては大量の保存食を仕込んでいた料理家の松本朱希子さんを追いかけたくて編集させてもらった『かえる食堂 干したり 漬けたり』は、いわゆる保存食の定番である梅仕事や味噌づくり、らっきょう漬けといったものはもちろんのこと、春には〈ふきの佃煮〉、〈たけのこの水煮〉、〈干しいか〉、自家製の〈干しネーブルオレンジ〉でフレーバーティーも作る。夏は夏で、〈青じそ葉の塩漬け〉やへちまでたわし作り。秋の〈栗の塩煮〉や冬の〈干しさつまいも〉などもあった。一風変わった、けれども作ってみれば実のあることがよくわかる保存食は、ご両親やお祖母様がしてきたことをつぶさに見てきたからこそ。

この本を見ながら毎年欠かさず作るのは〈秋刀魚のオイル漬け〉。秋刀魚は最近、めっきり高価な魚になってしまったが、それでも旬となれば1尾100円以下になるときもある。そんなときは嬉々として大量に買い込み、艶々と輝く青背にうっとりしながら魚くささにまみれて何瓶もオイルに漬け込む。それをそのまま小皿に盛り、おいしい醬油をちょっとたらして食べる幸せったらない。ちょっと炙った熱々にまたおいしい醬油をたらりとするときも。パスタや蒸し野菜とあえるときもある。今書いているだけでももう食べたくなってきた。秋刀魚は塩焼きもいいけれど、オイル漬けも欠かせないと知ったのは、松本さんのレシピから。

いつものレシピがしみじみいいなぁと思うのは、石原洋子先生のご著書。『伝えていきたい　わが家の保存食レシピ』は、家族のために日々おいしいものを作り続けてきたことが伝わる誠実な1冊。6月の〈新しょうがの甘酢漬け・みそ漬け〉、7月の〈桃のコンポート〉、8月の〈バジルペースト〉といった、月ごとの台所仕事が暦のようになっていてやる気が盛り上がるものでもある。でも一番のお気に入りは、月ごとの保存食の間に挟まれている「作りおきNOTE」の〈レバーペースト〉、〈パンチェッタ〉、〈砂肝のコンフィ〉、〈豚肉のリエット〉といった肉料理のレシピ。家庭で仕込めるシャルキュトリーがキュッとひとまとまり、さまざまな保存食とともにある構成のさりげなさがいい。しかもその後には〈ホワイトソース〉、〈デミグラスソース〉、〈マヨネーズ〉、〈ねぎベーゼ〉などソース類のレシピまである。

『伝えていきたい
わが家の保存食レシピ』

『私の保存食ノート』

注1：しかもそれはほとんど減ることがなく、まだどっさり残っている。

言うまでもなく、味噌、梅干し、キムチやジャムなどもあり、保存食を全方位的に捉えたこの本こそ、一家に1冊、あって然るべきものだよなぁと思う。いつもなら自分が編集した本をプレゼントするのが常だけれど、この本はあまりにも使い勝手が良かったので、新婚さんに、料理のことで悩んでいる友人にと何冊か贈り物として渡したほど。季節ごとどころではなく、今月は何と何を作るべき？と、毎月開きたくなる本なのだ。

初夏になると一斉に料理雑誌がこぞって梅の特集をするのを仕事としてしか見ていなかった20代。どれどれと興味から青梅のシロップ漬けと梅酒漬けにちょっと手を出してみた30代（注1）。どんなに忙しくても毎年梅干しと味噌、いくらの醬油漬けだけは漬けるようになった40代。一年で漬けるもの、干すもの、仕込むものがだいたい決まってきた50代。保存食遍歴はこんなふうにゆるやかに変化してきている。

１９９０年代後半に手にした佐藤雅子さん（注2）の『私の保存食ノート』は、読み物として気に入り、幾度となく読み返しているもので、オールモノクロであるが、自分もこんなふうにレシピがまとめられたらと毎度思う、永遠の憧れであり、バイブルでもある。何がいいかって、ひとつはモノクロ写真からでもわかる、使っている器の良さ。瀟洒な細工が施された保存瓶や、北欧方面のヴィンテージとお見受けするふたつきのケース、シンプルなインダストリアルプロダクツのガラス密閉容器、琺瑯容器など佐藤さんのハイカラなセンスとお姑さんの時代から引き継がれてきた由緒正しき和の器の

注2：明治生まれ、東京育ちの佐藤雅子さんは、元人事院総裁佐藤達夫夫人であり、母親とお姑さんの厳しいしつけのもとで、料理をしてきた方。持ち前のセンスの良さと、お料理好きが高じて、70年代には主婦業の傍ら雑誌『ミセス』などで暮らしぶりや料理が紹介された。

コントラストは眺めているだけで楽しくなるし、自分もこういうもので保存食を作ってみたいと気持ちが上がる。

もうひとつは、1、2、3、4と区切られたレシピの間に、実にさりげなく料理のエピソードなるものが入っているところ。

〈ふきの葉と梅干しのつくだ煮〉のレシピの前には、梅干しを種ごと煮て、その種をうっかり取り忘れてしまい、お姑さんに「私は入れ歯なんですよ」と叱られ、一瞬ヒヤッとしたけれど、歯が折れなくてよかったと後で首をすくめたことや、お姑さんが「都会の人はどうしてふきの葉を捨ててしまうんだろうね」と言いながら、熱いご飯と一緒に楽しんでいたなどという話が書かれていた。

レシピの間のそういったエピソードをついつい読み込んでは、「ふふふ」と笑みが溢れてしまうのが、この本のとにかく素敵なところなんじゃないかと勝手に思っている。それはまるで、佐藤さんが目の前で調理をしながら「こうやってこうやって作るんですけれどね、このときはお姑さんがね……」といったふうにおいしさの秘密や失敗談を可愛らしく話しているようでもあり、何ともいいのだ。

載っている写真は出来上がりの料理もあれば、何かを漬け込んでいる途中のものもあり、塩ハムのところはなんと重石をのせた写真が掲載されている。今の私たちの本作りから考えると、これはプロセスカットになるものだろうけれど、堂々と「こうやって漬けるのよ」と言わんばかりの写真は、あっぱれとしか思えなかった。

あっぱれと言えば、〈べったらづけ〉の材料の大根20本、米、麹各2升、焼酎1升くらい、という分量には驚いた。けれどもおいしい時季に一気に漬けておくことを思えば、なんていうことはない。常日頃から料理本では分量を調整せざるを得ないこともあるが、たくさん作ることでおいしいものもあれば、作りやすい分量というものもあるわけだから、そこに拘（こだ）わらなくてもいいのだと教わったように思った。

私ごとではあるけれど、この本の編集をされた方が、私の亡き友人のお母様だと最近知り、レシピのまとめ方や言葉の選び方などからも同業だった友人の仕事ぶりや気風の良さを思い出すものにもなり、以前にも増してより大切な本となった。

松本朱希子『かえる食堂 干したり漬けたり――季節の保存食』２００９年、地球丸
石原洋子『伝えていきたい わが家の保存食レシピ』２０１８年、朝日新聞出版
佐藤雅子『私の保存食ノート――いちごのシロップから梅干しまで』１９９０年、文化出版局

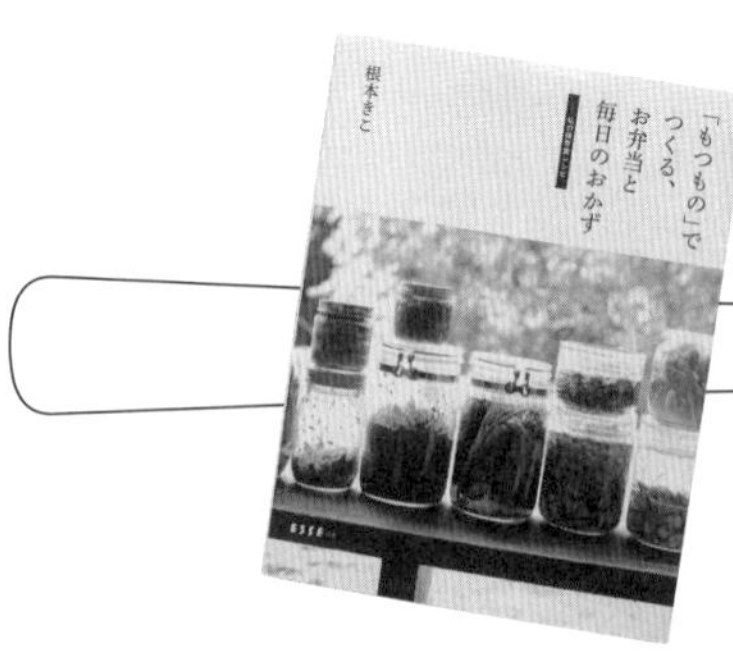

季節の変わり目に開く別腹

根本きこ
『「もつもの」でつくる、お弁当と毎日のおかず』

一風変わった常備菜というと、根本きこさんの『「もつもの」でつくる、お弁当と毎日のおかず』を思う。きこさんに言わせると、常備菜は「もつもの」。そういえば、うちの母たちもそんな言い方をしていたなぁと思い出す。

きこさんの作るもつものは、〈シイタケと豚バラのオイル漬け〉、〈干しエビ〉、〈車麩のショウガ煮〉など昔懐かしい味わいから洒落たものまで幅が広い。〈車麩のショウガ煮〉は、それを揚げてカツにしてもいた。

〈トマトチャツネ〉や〈粒マスタード〉、〈キムチの素〉など調味料系のもつものもいろいろ紹介されていて、それを使った料理とお弁当がおおらかに繰り広げられている。それまで買うものとばかり思っていたトマトチャツネや粒マスタードも、この本を編集したおかげで、時間ができると少量を作って楽しむようになった。

この本は、２０１１年にきこさん家族が逗子から沖縄へと移住して半年ほど経った頃に出されたもので、まだお子さんたちが小さかったこともあってか、忙しい合間を縫っては作る、おいしいものを食べるための策が詰まっているように思う。また、少しずつ沖縄という土地に馴染み、食材と溶け合うようになってきていることもわかる１冊でもあるなぁと、ここ数年、ページをめくりながら思い返している。（２０１１年、扶桑社）

台所担当の自覚と西洋かぶれを満たすもの

『私の洋風料理ノート』

外国の香りを思わせるものが好きな気持ちと、食への抑えきれない探究心を落ち着かせたいときに開く佐藤雅子さんの『私の洋風料理ノート』は、1973（昭和48）年（注1）に文化出版局から刊行されたもの。57ページで取り上げた『私の保存食ノート』を見て、他にもこの著者の本がないかと探し、見つけたものだったが、時すでに遅し。古書店でも相当な値段がつくものになっていて、2004年に復刊ドットコムから復刊され、ようやく手にすることができた。復刊はとてもありがたかったが、やっぱり文化出版局から出された当時のものが欲しいと思ってしまう悪い癖が顔を出し、古本屋に入るとついつい探していた。が、もちろん、そんな簡単に見つかるわけもなく、今に至る。

佐藤雅子さんの西欧仕込みの料理や考え、器使いなどに憧れ、レシピやエッセイを貪るように読んできた。そこでところどころに登場する「台所を預かるもの」という一文に、何度もハッとさせられ

注1：第一次オイルショック、ピカソ死去などの年。

た。私の頭の中はいつも好きなもの、作ってみたいものでいっぱいで、ついぞ自分が「台所を預かるもの」なんてことは考えもしなかった。けれども、台所に立つ心構えのように繰り返されるこの言葉を読むたびに、「そうか家庭の主婦とはそうでなくては」と、ふんどしを締め直す気持ちになった。

季節の香り漂う献立と、それに付随するアラカルト料理の数々をつなぎ合わせ、毎日の食卓を回していく楽しみ。そのつながりは記されてこそいないけれど、台所を任されてきたベテラン主婦が担ってきた術(すべ)が、レシピやエッセイからも、レシピの合間に挟まれた一文からも溢れている。来週はどんな感じに献立を組み立てようか、一方で台所を預かる者として、もう一方で好きに食道を進む者として、晩ごはんの支度までのぽかんと空いた時間、ソファーに腰掛けてこの本を開く。

佐藤雅子さんの『私の洋風料理ノート』は、その名の通り、洋風の料理の本だけれど、考え方は至って古風。旦那様をはじめ、家族においしいものを食べさせたいという思い、家族の好きなものを知りつくし、それを日々作り、食べてもらう喜びに尽きている。

先述した「台所を預かるもの」の一文にたびたびハッとはしてきたものの、まだまだ自分がそこにたどり着くには相当な時間を要す。そこで、まずは冷蔵庫の管理からしてみようと思い立った。冷蔵庫の管理とは、中の食材、作りおいたもの、昨夜の残りものなどの類いをだいたい把握しておくこと。そうすれば「今日はあれとあれがあるから、これができるな」と、たとえ忙しくても日々の食事がなんとかなるし、冷蔵庫の奥底に眠っていて食べられなくなってしまった保存食などもなく、気持ち的にも、食材の使い方的にもスッキリとする。

毎日のごはん作りは言ってしまえば、リメイクの連続でもある。昨日の残りを、さも今日作ったものかのようにアレンジすることも、ひとつの料理と思っている。何かしら新しいものも作るけれど、前日のごはんがまったく残らないことはほとんどないので、いつしかそれを併せ、今日のごはん作りに臨むようになってしまった。カレーを作ったら、まずは普通に食べて、それがカレードリアやカレーそばなどになっていくといったふうに。

また、数日後に旅行で家をあけると決めていたならば、それまでに食材がうまくなくなるように買い物をし、頭の中の冷蔵庫を整えながら数日を過ごす。そういうことができるようになったのは、「台所を預かるもの」としての心構えを知らず知らずのうちに頭の中に備えるようになっていたからかもしれない。それまでの私は残ったものはとにかく冷凍庫へ逃すか、人に引き受けてもらってきた。一番最悪なパターンは「捨てる」だった。最後の選択肢は止むに止まれずの最悪の事態ではあったけれど、今までに何度かそれをしたときにはえも言われぬ罪悪感に胸が詰まりそうになった。だから今は、おいしく、美しく、食べ尽くすことに尽力している。これが今も私的に佐藤雅子さんの言葉とこの本を愛読してきた末の「台所を預かるもの」として最低限守りたいことになっている。

佐藤さんは、自分の料理は毎日作っていくうちにメモしていたこととは違ってきたり、ないものを代用したりして少しずつ味も、形も、名前も変わってきたという。その変化を見てきた家族は、佐藤さんが「今日はパイナップルのケーキを焼こうかな」と言えば、それが正式名称でなくとも、「あぁ、あれね！」と皆がわかるようになっていったのだそうだ。そんなおいしいだけではない、心をほっこりゆるめるエピソードもいい。それでいてお姑さん、母、祖母、そして西ドイツ滞在中に教わった本格的なレシピがしっかり記されているのも心憎い、昭和の家庭に西洋の光を注ぐ料理本だったのではないだろうか。

発売された昭和48年というと、私はまだ幼く、ネッカチーフを巻いておしゃれを決め込んでいた新米のわが母や叔母たちが、本や雑誌から楽しそうに洋風とは何ぞやを探っていた頃だ。日本人が洋風に憧れていた感覚をくすぐるこの本は、当時の母たち世代にはもちろん、今の時代になっても西洋かぶれと憧れを引きずり続けている私に刺激を与え続けてくれている。とは言え、キラキラとしたものだけではなく、その背景にあった忙しくても真面目に台所仕事をしてきた昭和の時代も見える。だからか、自由に食を追い求める私と、台所を預かるものとして（引き続きゆるめではあるけれど）頑張っていこうかなと思う私の、両方の思いがパタンと本を閉じる頃、都合よく満たされるのだ。

佐藤雅子『私の洋風料理ノート——おそうざいからお菓子まで』１９７３年、文化出版局

嫁入り道具のひとつとして

いつの日か（嫁ぐ日）のためにと買っておいたのが『ごちそうさまが、ききたくて。』、『向田邦子の手料理』、『小林カツ代の365日のおかずノート』。何かあればこの3冊が料理下手の私を助けてくれるとお守りのように持ってきた。20代の若かった私には、先生方の料理の教えはやや高尚すぎたが、ここのところようやくしっくりくる年頃になってきたように思う。

一世を風靡した栗原はるみ先生の『ごちそうさまが、ききたくて。』は、タイトルだけでグッと家庭人の心をわし摑みにするわけだけれども、カバーにクリームコロッケという永遠のアイドルみたいな料理を持ってきたところにも勝因があるように思う。実は、料理をまったくしない同年代の友人たちに言わせると、「まず揚げ物がきているところでハードルが高そう」と意外とこの本を持っている人が少ない。ところが私より一世代下の年代になると意外と愛読している人が増えてくる。この現象

『ごちそうさまが、ききたくて。』

は何かというと、現在60〜70代のお母さんを持つ若き友人たちが、母親から譲り受けてこの名著を手にしているということらしい。受け継がれる料理本。母が愛読してきた本を私も嫁入り道具として、なんてことにちょっと憧れるが、あいにくうちの母にはそういった素養がまったくなく、お姑さんからもそういった受け継ぐ系はないまま月日は容赦なく流れている。

栗原先生の本を久しぶりに開いたのは、仕事で出かけたハワイで、栗原先生が監修しているクッキーをいただいたことから。ハワイの友人がＰＲを手掛けているお菓子のブランドから発売されたそのクッキーは、予想をはるかに超えたおいしさだった。濃厚なバターの風味と甘やかな味わいに混じり、ささやかに届く塩けと優しい甘み。サクッ、ほろっとした食感が順番に口の中でとろけていく初めての感じに感激した私は、栗原先生の本のレシピから、何か作りたくなってしまったのだ。

おすすめは〈ポテトグラタン〉。ベシャメルソースを作るだなんて大変なことはしない。生クリームをパックごとじゃがいもに注ぐ写真にも、天板にチーズが溢れた写真にも、ググッとくる。客人たちにこれを出すといつも大歓声。栗原先生のレシピには、ごちそうさまのひと言が聞きたい気持ちが詰まっているんだなぁと、今さらながら感じ入っている。もしもお嫁にいくことがあったら肉じゃがくらい作れるようになりたいと思い、若かりし頃に手にした栗原先生の名著は、結婚して20年近く経った今が一番、日々のごはんの支えになっているものなのだ。

栗原はるみ『ごちそうさまが、ききたくて。——家族の好きないつものごはん１４０選』 １９９２年、文化出版局

『向田邦子の手料理』

作家としても、著者の暮らしぶりへの憧れもあり、手にしたもの。料理レシピの前の小さな一文を読むのが好きで、明日は何を作ろうかなというときソファーに寝転がってぱらりとめくっては一文読んで、気持ちを明日に備える。いつも本棚にしまおうと思いつつ、ソファー横に、キッチンの棚に、といろいろ移動の多い１冊でもある。（１９８９年、講談社）

嫁入り道具の別腹

『小林カツ代の３６５日のおかずノート』

全１２８ページに３６５日分のおかずがぎっしり。「野菜がいっぱい」というサブタイトル通り、1月から12月まで毎月テーマとなっている野菜をいっぱい食べるためのアイデアがまとまっていて、そのひとつひとつに「大根いっぱい食べたいな」、「小松菜いっぱい食べたいな」と〝いっぱい食べたいな〟が重ねられているのがかわいらしい。１ページに5品、つまり5日分のレシピと献立がギュギュギュッと詰め込まれている感じはおかずのカレンダーのようでもある。沢村貞子の『わたしの献立日記』から、今日のごはんを考えていた頃もあった私には、この日々感がとても楽しい。だから、今も時々、自分の誕生日や友人の誕生日にカツ代先生は何を作っていたのかなと読み返す。（１９９３年、主婦の友社）

黒い表紙の料理本

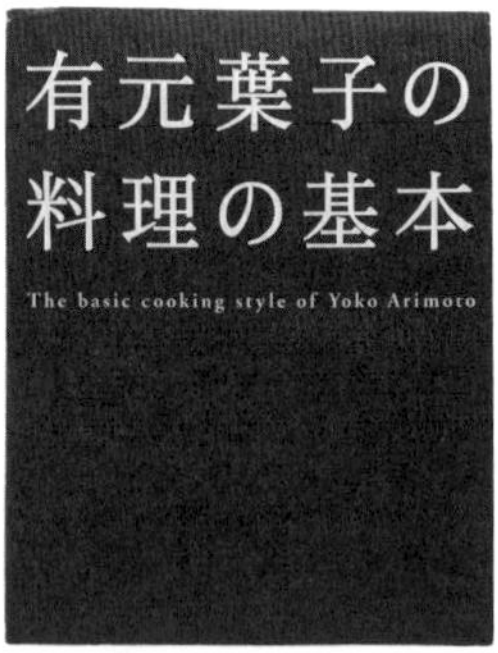

『有元葉子の料理の基本』

今、開いても、とても21年前に発売されたものとは思えぬ、自由でしなやかな感覚に何度も驚かされている。タイトルにある「料理の基本」という言葉と、その言葉と相反する料理本然としていない真っ黒なカバーとのギャップに惹かれて手にした『有元葉子の料理の基本』は、そろそろまともに肉じゃがのひとつくらいできるようになっておかないと、と思い始めた頃に購入した1冊だった。

当時、仕事でお世話になっていたカメラマンの小泉佳春さんとライターの鈴木るみこさんの文章の組み合わせに、ドキドキしながらページをめくっていったことを思い出す。小泉さんが撮影した有元先生のキッチンは青白く、洒落た実験室のようで、それがどこか外国のキッチンを思わせた。小泉さんの写真はこの本に関していうと、いわゆる料理写真に求められるようなシズル感とは真逆の、静かな、でもどっしりとした重みを感じる油絵のようだった。反対に、各章の扉に使われている写真の、料理をしている有元先生の表情は生き生きと美しく、誰かのためにキッチンに立ってみたくなる、そんな気持ちにさせられた。文章を担当していた鈴木るみこさんの一文字とも落ちることなくすっきりと頭におさまってくる秀逸な文章は、長いことずっと憧れで、特にこの本の文章は、ピシーッと美しくアイロン掛けされたワイシャツのような気持ちよさがあったなぁと、いつ読み返しても「あぁやっぱり」とため息が出る。

そういえば、この本のそれぞれの章扉に書かれたエッセイは、その章のテーマと一見関係がなさそうなことだった。例えば、「ゆでる、蒸す」の章扉では、「〜せねばならない」はせっかくのアイデアにふたをしてしまうので、もっと自由に五感を使って料理をして欲しいという話だったり、「焼く」の章では、日々も料理もメリハリのある方がいいという話だったり。けれども「焼く」の章では火加減など、メリハリに通じる内容が織り込まれていたり、読めば読むほど「やられたー！」という思いの連続。

下ごしらえから、ゆでる、蒸す、炒める、焼く、揚げる、煮る、そして材料の使い回しの知恵まで、これさえおさえておけば完璧！という章立てがあまりにシンプルで直球だったので、気をゆるめていたが、まったくもってすごい本だった、ということを思い知ったのは本を買ってから10年以上後。30代そこそこの私にとってこの黒いカバーのおしゃれな料理本は、これから始まるだろう未知な暮らし（この辺りでふたり暮らしになったので）への憧れとともにそばに置いておきたかった本だった。

今は、「下ごしらえ」の章に出てくる料理にハマっている。その料理とは、料理の下ごしらえの解説の最後に、気づく人だけが気づけばいいのよと言われているように紹介されているものだ。驚くほど細長い横長の写真が添えられていて、あえてだろうけれど、どれも料理を真横から撮影している。しかもたった70語前後の一文で伝えるレシピなのだ。中でも「浸す」の章の最後で紹介されている〈えびのマヨネーズあえ〉のおいしさには興奮した。マヨネーズと醬油を好みの配分で合わせたソースにゆでたえびをくぐらせる。たったそれだけのことなのにこんなにおいしいのかと驚かされた。それには前の晩にえびを塩水に浸して海に戻してあげるという有元先生ならではの素材への愛があるのだけれど、この本は、こういうエアポケット的なことがドンドコ後を絶たない。

20年以上前から今と変わらぬ鋭さで食べることに、ガツンと切り込んでいく美しさはとにかく秀逸。その美しさが写真で、文章で、華麗に表現されているのも見どころ、読みどころだと思っている。

有元葉子『有元葉子の料理の基本』２０００年、幻冬舎

料理のコツって!?

『だれも教えなかった料理のコツ』

「料理のコツ」、「料理、コツのコツ」、……なんて文言を今まで何度見たり、聞いたりしてきただろうか。料理上手になりたい！　そう思わなかった人のほうが、きっとはるかに少ないんじゃないかというくらい、女性に限らず、料理上手になりたいという話はよく聞くし、編集者の方々からそういうテーマで本を作りたいという相談もまま受ける。かくいう私も、長年そう思い続けてきた（今も）。だから有元葉子先生（注1）の『だれも教えなかった 料理のコツ』が出たときは、迷うことなく手に取った。が、買った満足からか、なかなか読まずに数年経ってしまっていた。本の分厚さと文字の多さにやられてしまったわけなんだけれど、あるときふと、この本はどこから読んでもいいんだということに気づいた。文章が中心となると、やはり初めから読むべきとスクエアに思っていたが、なんのことはない。自由に開いたページから読めばいいし、目次を見て気になる項目を選ぶでもよかった。

注1：先生と呼ばれることを謙遜してか、好まない料理家の方は多いが、自分的にどうしても「先生」と呼びたい方は数人いる。有元先生はそのおひとり。

そんなわけで最近は、自宅のある鎌倉から東京に出かけるときに持っていく1冊に加わり、行きと帰りの電車の中で「今日の夕飯をどうするか?」も念頭において繰り返し読んでいる。写真ではなく、言葉から料理に入っていくことで、おのずと頭の中で料理を拵える癖がついてきた。危険なのは、読みながらなるほどと思うとすぐやりたくなってしまうこと。先日は、きゅうりを干して使うところを読み、そういえば冷蔵庫に10本以上きゅうりがあったことを思い出し、いてもたってもいられなくなってしまった。帰宅してから、いの一番にきゅうりを切ってザルに広げて干してホッとひと息。こんなふうに有元先生の料理のコツを自分なりになぞっている。

何度か実践と妄想を重ねているうちにわかったのは、この本は実に立体的だということ。例えば、野菜編と称した章では、「ごぼう」、「れんこん」、「長ねぎ」、「トマト」、「なす」といったふうに一見素材斬り(注2)になっているが、その後、素材で区切られていたはずのタイトルが「蒸し野菜」、「野菜のポタージュ」、「かき揚げ」と料理名に変わってくる。あれ?と思って、前後を読み返してみると、単に野菜といっても「おなじみの身近な野菜」、「からだをきれいにする豆類や根菜」、「たっぷりとりたい夏野菜」と先生の視点ならではの分類がなされていた。突如出てきたと思った〈かき揚げ〉などは「残りもの野菜」というスレッドに入っている話で、これも野菜編の一部だったというわけ。とおりいっぺんの話ではなく、有元先生自身がしてきたこと、伝えたいことをまるっと全方位的に話されている感がしたのはそういうことからだったのだ。

野菜編とあったら、つい素材斬り、あるいは調理法斬りなのかなと思いこんでいるところへ、なん

注2:素材別のこと。他にもいろいろあり、炒める、蒸す、煮るなどの「調理法斬り」や、フライパン、鍋、オーブンなどの「調理道具斬り」なども。素材から料理を考えるか、調理法か、あるいは道具から考えるか、本作りの始まりはそんなところから発想することも多い。

とも自由なスレッドが投げ込まれていた。著者自身が伝えたいことがこうもはっきりとしていると、それがいわゆる知った流れでなくとも、気持ちよく読み進められるし、逆に意表を衝かれてそこからグッと引き込まれてしまうということもあると、思った。

料理本を見るではなく、繰り返し読むということが、日々の自分の台所仕事を自然と強化することになっていったと気づいた。料理のコツとは、テクニックとしてのコツそのものを知るのはもちろんだけれど、それ以前に根底にある考え方のことだろう。そう考えるとこの本を読み込むことが本当の意味での自身の血肉になっていくのかもしれない。有元先生はそれをずっと知っていたんだろう。数年前、『レシピを見ないで作れるようになりましょう。』という本が大ヒットしていたが、20年近く前の本も、今なお出版されている本も根底は変わらないようにお見受けする。ひたすら続けてきたことを真摯に伝え続けているから、受け入れられるし、納得がいく料理のコツ。そこに手抜きという文字はない。けれども知ることでスムーズになったり、よりおいしくなったりする技が自然と身につく話が書かれている。

愛読してそろそろ10年以上経ち、私の料理も変わってきただろうか？　自分ではよくわからないが台所仕事が苦ではなくなったのは本当のところ。まだまだなぞらえていきたい、先生が伝える料理のコツは山ほどある。

有元葉子『だれも教えなかった 料理のコツ』２００７年、筑摩書房

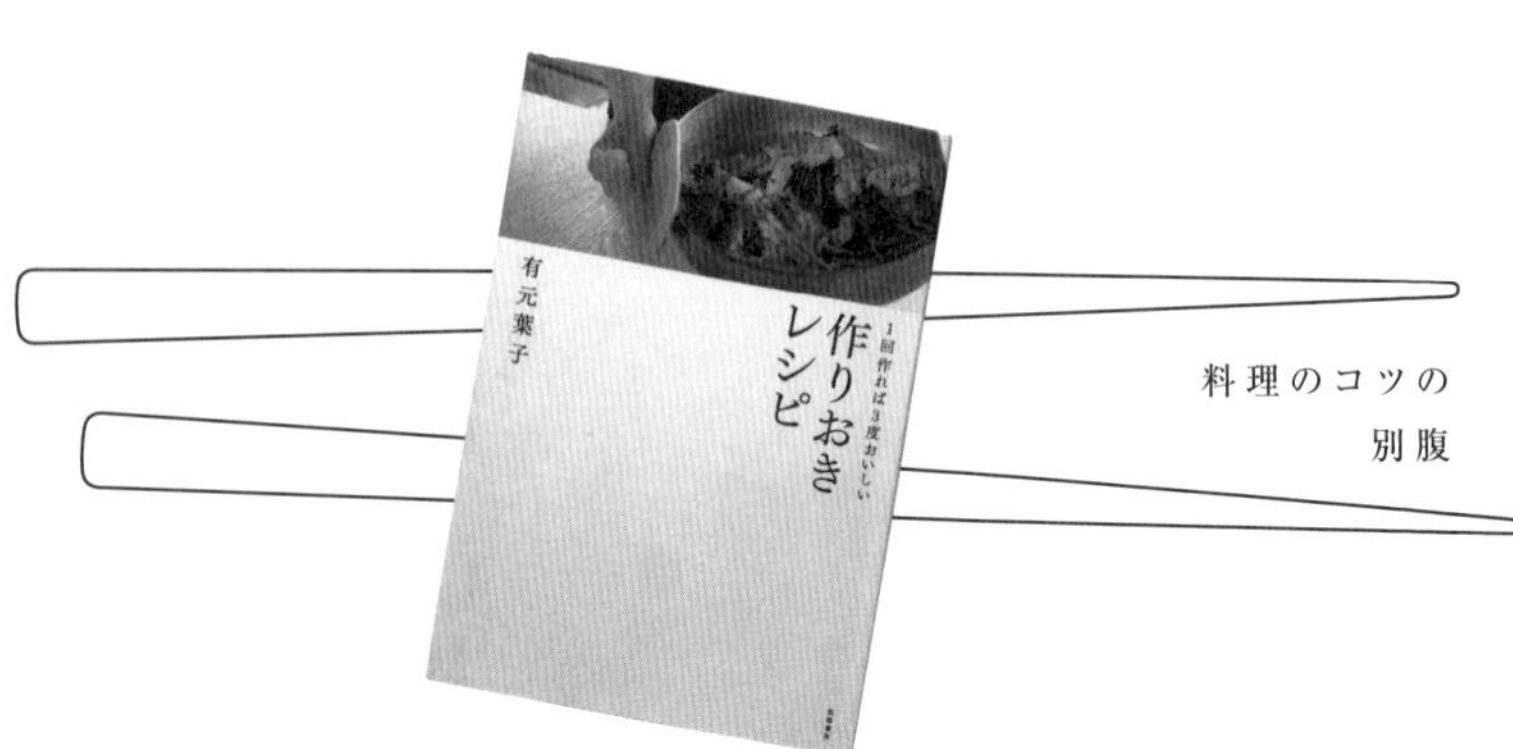

有元葉子
『1回作れば3度おいしい作りおきレシピ』

一番活用しているのは「いつも冷凍庫にストックしてある作りおき」の章。時間ができるとミートソースとグリーンソースはよく作っておくようになった。夏に、たくさんトマトが収穫できる時季になると作るトマトソースも。忙しい日はこの3つにけっこう助けられてきた。もともと、常備菜を仕込むのは好きだけれど、作り満足になって無駄にしてしまうこともままあった。けれどもこの3つは活用率が高い。そしてこの本もまた文章が中心で、レシピこそ載ってはいるが、作りおきの心得として読んでいる。そうすると、買い物に出かけた後、野菜や肉をそのまま冷蔵庫に突っ込むことなく、さっと下処理して仕分けする頭が出来上がっているので、いざ料理を始めようかというときにスムーズなんて言葉じゃ語れないほどスルスル事が運ぶ。レシピを覚えるより考え方を変えること。まずはそこが大事なのだ。（2009年、筑摩書房）

パスタ本、あれこれ買ってはみたけれど。

外食するとなると、かなり個人的な趣向ではあるが、フレンチよりイタリアンを選んでしまう傾向にある。とは言え、もちろんフレンチを欲するときもある。が、家で作ることになるとなかなかどうして……。手の込んだソースやかたまり肉の扱いなど、考えただけでフレンチへの壮大な計画はまったくもって重い腰が上がらない。やはり、フレンチはシェフに作ってもらったものを食べるに限る。そう思い込んでいるところがあるのだろう。本棚を見渡しても、フレンチの本となると、あるのはせいぜい『The Good Cook Techniques and Recipes』（p46）の中の何冊か、くらい。自分で作る気が薄いのがよくわかる。

じゃあ、イタリアンはどうかというと、パスタ本は意外と持っていた。イタリア料理は「マンマのなんとか〜」的な、お母さんが作る料理といったイメージも印象としてあるからか、家でも作れるも

『イタリアン No.1 パスタブック』

『イタリア料理が好き。』

の、そう思ってきたのだろう。スパゲッティが昭和の時代から家庭に定着していたこともあったかもしれない（注1）。母が作るスパゲッティは、土曜日の昼のナポリタンか、夜のミートソース。時々、たらこスパゲッティくらいだった。一番好きだったのはナポリタンで、皮がパリッとしたソーセージと、野太く切られた玉ねぎとピーマンを炒めてからケチャップを加えて炒め、スパゲッティと和えた喫茶店で出てくるようなものだったが、忙しい中、何か別のことをしながらチャチャッと作っていたからか、ところどころ麺にも野菜にもいい具合に焦げ目がつき、偶然にもそれがいい調味料となっていたものだった。母の時間に余裕があるときは、そこに目玉焼きがのっかっていた。土曜日の半ドンから帰って妹とふたり、ジュージューというスパゲッティが炒められている音とケチャップの甘酸っぱい香りが広がる台所を行ったり来たりしながら、今日は目玉焼きがのっているかな？とワクワクしていたことを思い出す。

ミートソースもごくふつうで、玉ねぎとにんじん、ひき肉を炒めてケチャップとソースで炒め合わせたような味わいだった。どうしてか、ナポリタンは昼に、ミートソースは夜にしか出てこなかったのは、母なりに何か決めていたところがあったのだろう。いまだに謎だけれども（注2）、私の家庭のパスタ史はイタリアンと呼ぶにはおこがましい、和製スパゲッティといったところから始まった。

ひとり暮らしを始めた頃に買った、１９９５年に風雅書房から発売されたリング綴じでケース付きの『イタリアンNo.１パスタブック』は、プロセスがイラストで描かれた雑貨っぽい雰囲気の本だった。けれども実のところはパスタメーカーのバリラのオフィシャルブックで、監修は料理研究家の加藤美

注1：スパゲッティはいつしかパスタと呼ばれることが多くなったが、私が子どもの頃はたいていスパゲッティだった。

注2：聞いてみても、「そうだったっけ？」の一辺倒で本人もわからないらしい。

由紀さん（注3）というしっかりしたものだったことに購入して何年も経ってから気づいた。だからと言って何というわけではないが、25年以上前に定価1900円ということは、まぁまぁいいお値段だったと思う。それでも慣れないひとり暮らしの中、せめて週末くらいはちょっと贅沢した食事の時間をつくりたいと、なけなしのお金を奮発して購入した本だった。それと、ちょっと洒落た感じの本をひとり暮らしの部屋に置きたかったというのもあったかも（注4）。

同じ年に、先述したパスタ本の流れから1993年に発売された加藤美由紀さんの『イタリア料理が好き。』も手にしている。〈リガトーニのゴルゴンゾーラソース〉と〈ペンネ アラビアータ〉は何度もこの本のレシピを見ながら作り、ビールを飲みながらひとりの食卓が少しずつ充実してきたことで悦に入っていた。が、そこはビールじゃなくてワインだよ！と昔の私に教えてあげたい(恥)。写真は、料理本と言えばの老舗にして重鎮、今も現役でご活躍なさっている長嶺輝明さんによるものというところも、私的にツボな1冊である。

本棚から自分の持っているイタリア料理関係の本を引っぱり出して気づいたのは、そのほとんどが柴田書店と文化出版局から刊行されていたものだったこと。意図してなかったけれど、本格的であり、通好みな線を行く（と、勝手に思っている）ふたつの版元の本が好みだったようだ。

西麻布のイタリア料理店「カピトリーノ」の吉川敏明さんの『気軽にイタリア料理 パスタとピッツァ』は、お店に食事に行った際にサインをいただき、購入したもの（95年刊）。元祖ちょい悪オヤ

注3：料理研究家。イタリア料理に関する著書が多く、シンプルで再現性の高いレシピにファンが多い。私もそのひとり。

注4：この頃はイタリアンブームで、ティラミスが初めて日本に登場。銀座も渋谷もイタリアンのみならず、パスタ屋さんが溢れていた。

ジとしても、モデルとしても名を馳せたジローラモ・パンツェッタさんとサルヴァトーレ・クオモさんの共著『VIVA LA PASTA パスタは陽気に』は、ナポリ生まれのふたりがパスタやイタリア料理を作る様子がちりばめられた、パラパラとめくっているだけで楽しくなってくるもの（97年刊）。どちらにも手打ちパスタのレシピが懇切丁寧にプロセスカット入りで載っている本格的なものだけれど、20代の私はそこまで手を出せずにいた。改めて読み返し、今ならそれができる気がしている。いずれにしろ、20年以上前の私はかなりパスタにハマっていたようだ。

もう1冊、これもまた97年刊。「アクアパッツァ」のシェフ日高良実さんとイタリア料理文化研究家の長本和子さんの共著『シチリア 海と大地の味』。カメラマン日置武晴さんのおいしさがガツンと

『気軽にイタリア料理
パスタとピッツァ』

『VIVA LA PASTA
パスタは陽気に』

『シチリア 海と大地の味』

伝わる写真と、南イタリアの素朴な料理とその土地ならではの話が入り混じった料理紀行のようなつくりで、長年、読み物として大切にしてきたものだ。

ここ数年、鎌倉の市場にういきょう（フェンネル、イタリア語ではフィノッキオ）が出回るようになり、どれどれと使い始めたとき、この本にういきょうのことが書かれていたことを思い出し、久しぶりに引っぱり出した。野生のういきょうは「シチリアのどこでも見かける庶民の料理の味方」であり、シチリア料理には欠かせないものらしい。イタリアではなんと数千年も前から使われていたのだという。また、ういきょうにいわしを合わせたりする理由なども興味深く（詳しくは本を読んでいただきたい！）、粋な理由と使い方に納得した私は、〈ういきょうといわしのパスタ〉と〈ういきょうとオレンジのサラダ〉を作りまくっている。ういきょうの葉のゆで汁でパスタをゆでて香りを移すことから始まり、さらにういきょうといわしとともに煮込むことでしっかりういきょうの香りをつけるパスタは、南イタリアの素朴で味わい深い1品になる。

パスタ本を数冊通して読み返し共通していたのは、オリーブオイルを使うところはしっかり使うこと、パスタは海水くらいの塩けの湯でゆでることなど、今となってはかなり世の中的に浸透し、当たり前にさえなってきていることを、1990年代終わりは根気強く、楽しく、伝えてきたということ。この功績はとても大きい。これらの本を読んでいなくとも、どこかでこういったことを目にし、知らず知らずのうちに自分のキッチンでもやるようになった人は多いんじゃないだろうか。

で、パスタ本というか、イタリア料理の本が好きで買っていた20代、私のパスタライフはどうだったかというと、先述したようにゴルゴンゾーラとポモドーロあるいはアラビアータ止まりで、さして腕が磨けたとは思えない。けれどもやる気だけはあり、おそらく食費を削って本を買っていたのだろう。勢いを感じる90年代後半の料理本が今こうして手元にあり、またしみじみと読み返せるのはとてもありがたい。若かりし自分を褒めてあげたいなと思うのだ。

『イタリアンNo.1パスタブック』 1995年、風雅書房
加藤美由紀『イタリア料理が好き。』 1993年、文化出版局
吉川敏明『気軽にイタリア料理 パスタとピッツァ』 1995年、柴田書店
G・パンツェッタ、S・クオモ『VIVA LA PASTA パスタは陽気に』 1997年、柴田書店
日高良実、長本和子『シチリア 海と大地の味』 1997年、文化出版局

初めて編集したイタリア料理の本

『daily PASTA book』

2020年に発売した『daily PASTA book』は、私が企画編集をしたもので、個人的にもよく通っているお店のメニューを1冊にした思い入れの深いもの。著者の亀井良真シェフとはお店がオープンした頃からのお付き合いになるのでかれこれ10年超えになるが、ともに本作りをしなかったら料理に対する考えや奥底に潜む熱いハートには気づけなかっただろうと思う（注1）。東京をはじめ全国から鎌倉に遊びにくる友人たちが口を揃えて「コマチーナに行きたい！」というので、お付き合いしていると、1週間のうち5日はコマチーナ！なんてこともよくある。けれども飽きないし、何を食べてもおいしい。再訪してくる友人たちも、またコマチーナと言う。なぜなんだろう？　飽きない自分も含めてその謎を探るべく、いつか彼のレシピをまとめたいと長年思っていた。

パンデミックで世界全体の経済も、気持ちも落ち込む中、長年ともに仕事をしてきた編集さんと何

注1：亀井シェフはだいたいにおいて無口。10年以上の付き合いでも、自分からいろいろ話すタイプではなく、物静か。時々ぼそっと単語で何かを発するくらいなので、一見、熱い人だとわかりにくい。

気ない会話をしていたときにコマチーナの本の話をすると「すぐやりましょう!」と、鶴の一声。以前にも彼女にこの話はしていたかと思ったけれど、タイミングってあるんだなぁ。しかも（その1）忙しいシェフの体が偶然にもちょうどこの時期空いていた。しかも（その2）コマチーナはその年10周年というタイミング。編集さんのピンときたタイミングに慄いた。

そこからは厨房に入り、シェフの横でメモを片手に、レシピや作り方のコツなどを聞き書きする日々。今回は出来上がった料理を盛りつける器やテーブル周りをスタイリングするスタイリストさんのいない撮影だったので、みんなであぁでもないこうでもないと言いながら、器を選び、場所を決めたりの賑やかな現場はまるで学園祭のようだった。

撮影時にもパスタ、前菜、メイン、デザートを食べて食べて食べまくったけれども、まったく胃もたれなし。むしろまだまだいけるよー!くらいの余裕さえあった。これぞ亀井シェフマジック。ふたを開けてみて知ったのは、採算度外視の質のいい素材や調味料選び。「それがすべてのおいしさにつながっているんだと思います、僕はたいしたことはしてません」とシェフは言う。そうは言っても何でもギリギリまでやると決めているシェフの料理は、焼き目もギリギリまでつける（焦げつきではない）、パスタもギリギリまでゆでる（アルデンテじゃない!）、昼寝もギリギリまでするし、お金もいつもギリギリ。と、めいっぱいを楽しみながら、料理も人生も突き進んでいる質実剛健なものだった。おいしいのワケはそこだったのか、と納得。

本作りをしながら営業後、深夜までコラムの原稿やレシピ部分の細かなやりとりをしてきた数ヶ月。おかげで、いい汗かきました的な本に仕上がった。お店のメニューがほぼほぼ出ている本なんて他にあるだろうか!? この出し切る感もまた、亀井シェフらしい。

料理本を作るとき、私は必ず試作を繰り返す。この本も同じ。そのおかげでパスタのベースもデザートのベースも今やだいたい亀井シェフ流。もちろん、似ても似つかないけれど、それなりに彼の流儀とセンスをなぞりつつ日々のごはん作りに奮闘している。パスタをゆでてからバターを落としてソースと合わせることでまろやかな仕上がりになることも亀井シェフから教わったこと。デザートの〈チョコレートケーキ〉はもはや私の十八番。友人宅にお呼ばれしたときの定番手土産のひとつになった。

人も料理も真っ直ぐ直球。小手先のちょちょっとしたことや美しく見せるための何か、なんて微塵もない。ただひたすらおいしいものを、という想いだけ。するとこうなる、の見本の1冊だと思っている。

亀井良真『daily PASTA book——鎌倉 オステリア コマチーナのパスタとつまみ81皿』２０２０年、ＫＡＤＯＫＡＷＡ

ぶれない人たち
——イタリア料理の場合

『TOMATO ＋ herbs BOOK』

『わたしのイタリア料理』

キッチンの棚、本棚、寝室やリビングの棚と、あちこち居場所が変わる本がある。必要になって、本棚あるいはキッチンの棚から出して、家のどこかしらで読んではまたどこかへ置いて、流れ流れていく感じ。そしてまた必要になって出してきては違う棚へと移動している本。どこへいったかわからなくなりそうで、実のところそうでもない。むしろ、この間あそこに入れたな、とだいたい記憶している。よく使うものとはそういうものだ。

イタリア料理の本で棚をよく移動しているのは北村光世先生の『TOMATO＋herbs BOOK』と米沢亜衣さんの『わたしのイタリア料理』。

ちょっぴりメキシカン風味も混ざった北村先生の本は、20代に購入したもので、その名の通りトマトが主役。まず、身近な野菜であるトマトがこんなにもさまざまに形を変え、料理になるのだと感動し、北村先生も鎌倉にお住まいと知り、親近感と憧れの気持ちでこの本を眺めてきた。

あるとき、本に出ていた〈生トマトのピッツァ〉の下に敷かれていた天板が、私がハワイのスリフトショップ（リサイクルショップ）で購入したものと同じだったことに気づき、なんともじんわりうれしい気持ちになったことがあった。「Bake King」と刻印された天板はどこかアメリカのパン屋さんのものだったんだろう。先生の天板もいい具合に使い込まれていて、古いもの好きな私のハートをくすぐる感じ。時間を重ね、いい風合いに育っていた。それに気づいてからの私が〈生トマトのピッツァ〉を、先生を真似て同じ天板で作り続けたのは言うまでもない。

夏になるとよく作る〈ライスサラダ〉は、タラゴン（注1）が効いたビネガーの酸味にトマトとお米の甘味が重なり合った味わいで、食欲が落ちる（あまり私は落ちないけれど）夏でも食べたくなるおいしさ。お目にかかったことはないが、稲村ヶ崎付近を通るたびに「お元気かな」と勝手に先生を想うのは、この本もレモンの本（p156『レモンブック』）も、撮影が長年仕事をご一緒させていただいているカメラマンの長嶺輝明さんだったからかもしれない。

そら豆好きな私のハートをガツンとつかむ、米沢亜衣さん（注2）の『わたしのイタリア料理』のカバーには、とにかくやられてしまった。ページを開くたびに現れる、思わず手をのばしたくなるような、リアル以上に美しい料理の数々。カメラマンは日置武晴さん。これもまた買った当初は見るだけのお楽しみだったけれど、今や週に一度は開いてしまう本になった。

まったく同じには作れなくても、米沢さんの本は、眺めているだけで作りたくなる気持ちや素材の

注1：キク科のハーブでヨモギの仲間。古くから薬草としても使われてきていて、フランス語ではエストラゴンと呼ばれている。

注2：現在は細川亜衣さんの名で活動されている。料理のみならず、艶やかですぐさま作りたくなる、食べたくなる文章がいい。

組み合わせや盛りつけ方など、料理の何かしらにつながるヒントに溢れている。章立てがなくスッキリと進む感じは、米沢さんが作る料理の潔さと美しさに共通する。それでいてよくよく読むと10のコース料理になっているあたりも心憎い。クールなようで茶目っ気たっぷりなつくりになっているのだ。ついつい、「章立てはどうしましょうか?」と担当編集さんに相談されると、「そうね〜」と考えてしまうところが少なからずあったけれど、章立てがなくてもこんなにも読ませる本ができるんだということを、若い編集の人たちにぜひ知ってほしいなぁとこの本を開くたびに思ってやまない。

20年近く経った今、この2冊を何度も開くようになったのはようやく自分がこの境地に近づいてきたからかも、とうれしくなっているが、読み返すたびに「いやいやまだまだ先は長いな」と思い知ることになる。他にも数冊、おふたりが出されてきた本を持っているが、どれもずーっとベースは同じ。太く、揺るぐことなく続いている食に対する考え方がぶれることなく記されている。おふたりとも今なお、ますます削ぎ落とされた提案をされていることにも納得。ぶれない人たちの根をしっかり張ったしなやかな料理は、「おいしい」を探るものでもあり、読んで眺めて自分に喝を入れるものでもある。

北村光世『**TOMATO ＋herbs BOOK トマトブック**』１９９５年、マガジンハウス
米沢亜衣『**わたしのイタリア料理**』２００４年、柴田書店

週末を楽しむために

週末（注1）。あぁ、なんていい響き。仕事柄、平日も休日もあまり関係がないけれど、それでもなぜだか金曜日はウキウキする。やってくる週末に、何を食べようか!?　あのワインを開けるために何を作ろうか!?　週の後半はだいたいそんなことばかり考えている。

週末という言葉の響きがどんなに素敵かという話を、根本きこさんとしていたとき、きこさんの家では週末、家族がそろってお母さんにあれが食べたい、これが食べたいとリクエストしていたと聞いた。そんな楽しげな、家族の週末ごはんとはどんなものだったのだろう!?と思ったことからファッション誌の片隅で連載が始まったことがあった。タイトルもその話のままに「うちの週末ごはん」と名づけ、丸2年ほど続いた。今から15年以上前のことだ。

「野菜をたっぷりとりたい」、「おなかいっぱい食べたい」、「ピリリとスパイシーに」、「なんだかカ

『うちの週末ごはん』

注1：週末は人によって金曜かもしれないし、水曜かもしれない。それぞれの人がさまざまにどう週末を過ごすか。たまには料理にどっぷりとハマってみるのもいいんじゃない!?　そんな発想から作った雑誌がある。NHK出版の『ERIO』の「週末、料理にはまる」の号。

レー気分」など、気分で決めた週末ごはんのレシピが並ぶ根本家の「うちの週末ごはん」は、そののち連載に加筆と追加撮影を経て1冊にまとめられた。

きこさんの作る料理はその頃から無国籍で、旅好きな彼女が出かけた先のいろいろな要素が入り混じったものだった（今もインド、アジア、沖縄、湘南などあらゆる土地の香りがする料理を、いとも簡単にささっと作ってくれる）。〈青大豆と菜の花のナムル〉、〈たたき豚とあさりの春雨炒め〉、〈ポーチドエッグのせ、きつねうどん〉……。え?と思う組み合わせや、名前を読み上げるだけではわかるようでわからないメニューは、味を想像するのも楽しく、作りながら思わず鼻歌を口ずさんでしまうような不思議なリズム感のあるレシピが多かったように思う。そしてそれらは長年、私と家族の週末にも彩りと口福を与えてくれた。

レシピはどれも至ってシンプルで簡単そうだけれど、材料が少し多めだったり、スパイスやハーブが使われていたりするところもまた、週末ののんびりした空気感につながり、おいしい妄想は果てしなく広がった。本を開き、レシピを追いかければ週末に限らず、平日のドタバタや嫌なことからも解放され癒された。今も何も予定のない週末前になると、なんとなく手にしてしまう。どこかへ行かずとも旅しているような気分になれる、そんなメニューが並んでいるからかもしれない。

根本きこ『うちの週末ごはん——気分で決める、休みの日のメニュー91』 ２００６年、小学館

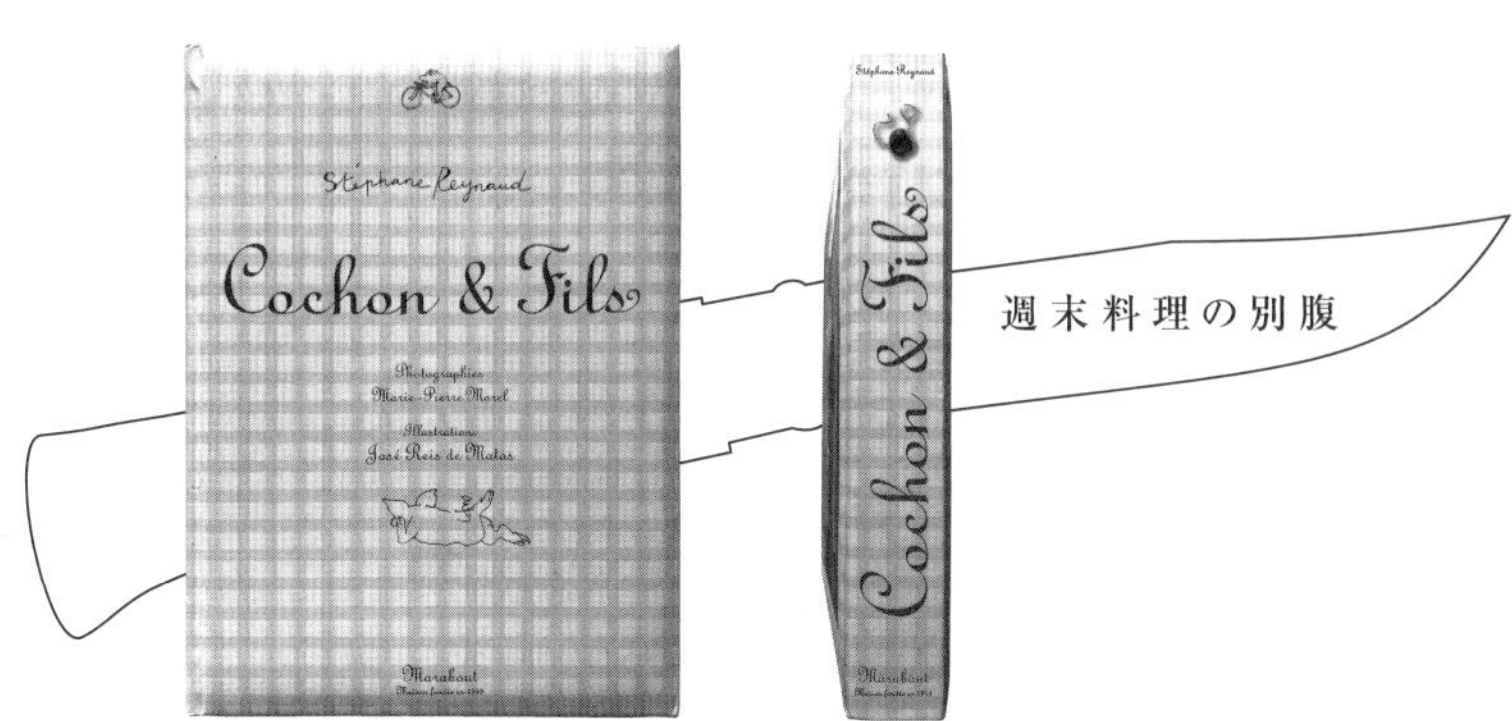

Stéphane Reynaud『Cochon & Fils』

週末に丸ごと大きな肉を焼いてみたいと思うと、パラパラページをめくる大型ハードカバー、全368ページの分厚い豚肉料理のレシピ本。20年ほど前、パリに出張に出かけたとき、「重いからやめなよ」というスタッフたちの声を振りきって担いできた。私が持っているのはフランス語版。後にこの本を見た友人が、「それいいね！」と、英語版を購入したので、彼女はフランス語のほうがなじみがあると思って「交換して〜」とお願いしたが、得意とは言ってもやはり英語のほうがわかるらしくあっさり断わられ、今となっては週末のお楽しみにパラリと開くのみになってしまった。けれども最近、写真を見て想像で作ってみるという楽しいことにハマりつつある。何より、料理がおいしそうなのと、ソーセージ屋さんの職人さんたちの佇まい、食卓、工房のカッコ良さに惹かれる。ずーっと眺めていても飽きることがない。(2005年、Marabout)

朝ごはんとブランチへの憧れ

好きな器で、好きなときに好きなものを食べる。これぞひとり暮らしの醍醐味。社会人になり、憧れに憧れを募らせて渋る両親をよそにようやく実家を出たものの、現実はそう甘くなく、日々の仕事に追われ、その後の飲み会にも力尽きるまで参加していたため、午前様帰りは当たり前の20代ど真ん中。料理どころか、ビールだけ飲んで寝るというダメダメな平日を送っていた。

とは言え、ひとり暮らしを始めたかった一番の理由を忘れたわけじゃない。せめて休日くらいは、と思っていたある日、書店でときめく本を見つけた。『堀井和子の気ままな朝食の本』。「朝食かー、少し早く起きればお洒落な朝ごはんを食べてからの出勤も夢じゃないかも」と、コーヒー片手にトーストにはちみつをたらす自分を想像しながら手にした。当時の私にとって本1冊に1854円（税込）は決して安いものではなかったけれど、リング綴じにクリアカバーまでついたファンシーな装丁と、

『堀井和子の気ままな朝食の本』

『Sunday and Brunch』

パラリとめくっただけでわかる外国の匂いのする写真に惹かれ、思い切ってレジへと向かった。いそいそと買って帰ったのはいいけれど、家でページをめくりながら私は後悔した。まるで今の生活とは真逆な朝の風景に、だめだこりゃ！と撃沈。よくよく見たら、表紙に「気持ちのいい朝に食べたい」とある。そんな朝、いつ迎えられるのよ!?と自問自答しながら、パタンと本を閉じたまま、10年近くの歳月が過ぎた。発売は1988年。それから5年の間に11回も重版された名著だと知ったのは、うんと後のことだった。

90年代にさまざまな形で影響を受けてきた堀井さんの本には、シンプルな暮らしをはじめ、外国のマーケットの様子やレストランのメニューのこと、公園でのピクニック、器使い、テーブルクロスなど、素敵なキッチンや食卓があった。今の自分の暮らしとは縁遠い、シンプルなものがほとんどだったけれど、それでも、憧れてやまなかった食のシーンがそこには確実にあった。

ひとり暮らしの日々、週末になるとこの本を開いて妄想を繰り返していたと、ずいぶんと経ってから母に話したら「あぁ、なんかわかる気がする。お前、小さい頃『奥様は魔女』（注1）が好きだったからねぇ」と知ってたわよ、と返された。いずれにしろキッチンへの憧れはその頃からあったようだ。

それから何年かして、結婚してからは週末のみ、ゆっくり時間をかけて朝ごはんを食べるようになった。それであらためて、つまり10年以上を経て『堀井和子の気ままな朝食の本』を再び開くようになった。あの頃難しいと思っていたレシピも今は「作ってみたい」から「作った」に次々変わっていった。外国の匂いがするとばかり思い込んでいたメニューは、〈牛肉細切りと春雨炒め〉や〈豆腐

注1：1964～72年に放送されたアメリカのコメディドラマ（日本では1966年から放映）。魔女で奥様のサマンサのキッチンに憧れていた小学生の私は、いつか丸ごとの大きな肉を焼いたり、巨大なケーキを作りたいと日記に書いていた。意外とそういうことって心の奥底にずっとあったりする。

と松の実のあえもの〉など、実はそうでもないものもあったりして。でも、それが英語で表記されていたり、花巻とともに大きめの皿に少しずつ盛り合わせてあることで、「チャイニーズコンビネーション」と銘打って紹介されていてもしっくりきたり。あちこちにデザインの魔法も仕掛けられているからか、今見ても何とも新鮮で、何度読み返しても飽きることがない。レシピよりもそれに添えられているエッセイのほうにページのスペースを割いているあたりも、読む本として作られているということをひしひし感じる。デザイナーはレスパースの若山嘉代子さん。若山さんがデザインした本はたくさん持っているけれど、いつかこの本をデザインしたときの話を伺ってみたい。まずは、料理よりも花の写真を大きくしていたりするあたりのことから。

同じく堀井さんの著書『Sunday and Brunch』の、「ブランチ」という言葉の響きに何度もドキドキさせられたし、20代の私には憧れが大きすぎて、妄想するだけで押しつぶされそうだったことをこの本を開くとたまに思い出す。実際にはベランダでビールを飲みながら買ってきた安い、生ハムと呼んでいいかもわからないような（そう書いてはあったけれど）ハムを頬張りながら、週末の朝というか昼を迎えていたのだけれど。

堀井和子『**堀井和子の気ままな朝食の本――気持ちのいい朝に食べたいおしゃれな朝ごはんのいろいろ そのお話と簡単レシピ**』１９８８年、白馬出版

堀井和子『**Sunday and Brunch――つぎの日曜日のおひるごはん**』１９９５年、マガジンハウス

金曜日の夜に開いていたもの、開くもの

『週末のごはんづくり』

飛田和緒さんの『週末のごはんづくり』。これは２０００年に発売された、飛田和緒さんの初期の料理本で、今なお進化し続けている飛田さんの保存食につながるレシピも多数出てくる。これもまた、ひとり暮らしにおしゃれなものを作りたい、食べたい、モテたい！という安易な思いから手にした本だが、今でもぱらりとページをめくると、週末にはゆっくり手間暇かけて料理でもしましょうかね～という気になる。保存食を作るもよし、人を呼ぶもよし、そして疲れた胃を休めるためのごはんを食べるのもいいという、お好きな週末をお過ごしください的なゆるさもいいのだ。

この本のタイトルにある「週末」のひと言に惹かれ、朝ごはんがダメでも、週末なら！何かできそうかもと手にしたのがきっかけ。けれどものっけから土鍋で炊くご飯の香りのよさを語っているところで挫けた（今となっては炊飯器もない、最近まで電子レンジもなかった私だけれど、20代の私に土

鍋のハードルはよほど高かったのだろう。付箋がしてあり、×印がしてあった、笑）。そこはさっさと飛ばして、次にくる具だくさんの味噌汁（味噌汁がこんなにごちそうのように見えるだなんて、と驚いた）やおつまみのレシピを読みあさった。季節ごとの献立やおつまみ、〈ハムのペースト〉、〈アボカドペースト〉など、あとはパンと何かしらお酒さえ用意すれば人を呼べそうなおしゃれで簡単なメニューがあったのも、若かりし私にはグッとささるものがあった。何よりこのとき感動したのは、〈ゆずこしょう〉を手作りしていたこと。今から21年前である。そろそろひとり暮らしも後半になってきた頃で、便利な調味料として知ってはいたけれど「手作りか〜！」と、一気に意識がそこに集中した覚えがある。

ただ、思い出すにこの頃手にした料理本は、自分がひとり暮らしをしていることを満喫するためのツールのひとつに過ぎなかった。本棚にそれらがあることや、時々ベッドサイドに読みかけのそれがあることが自分的にうれしかったのだ。何のことはない、恥ずかしながら、ひとり暮らしの気分を上げるための自作自演的なことだったのだ。でも、買っておいてよかったと今にしてしみじみ思う本でもある。なぜなら、ひとり暮らしに必要かどうかは別として、当時ビビッドに反応した〈ゆずこしょう〉を後に手作りするようになったのはこれがきっかけだったから。

飛田和緒『週末のごはんづくり』２０００年、幻冬舎

つまみを考える時間

いつの頃からか、毎晩晩酌するようになってしまった。

特に鎌倉にしっかり住処を定めることを決めてからは、自然派と呼ばれるワインとの出会いもあってか、時間の流れがゆるやかになったからか、毎日のつまみを考えるのが愉しみになった。もともとお酒好きだったので、つまみを作るのは好きだったけれど、ワインに合わせて、やってくる季節を待ち望んで拵えるようになるとは、われながら驚きだった。そして、若かりし頃、しこたま買ってきた本たちがここで実際に役に立つことになる。

サルボ恭子さんの『前菜食堂』と飛田和緒さんの『つまみ』は、常にキッチンの本棚に置いてあり、何かもう1品というときや、明日は人が来るといったときに必ず開く。どちらも、肉、魚、野菜、豆、

『前菜食堂』

『つまみ』

卵、チーズなどの食材別のレシピがまとめられているので、食べたい素材のページを開き、挑戦したいレシピを片っ端から作ってきた。

なかでもリピートし続けているのが、サルボさんのポートワインを加えて作る〈レバーペースト〉。舌の上でシュッと溶けるレバーの食感と、脳に直球で訴えかけるおいしさに感動し、もう何度作ったかわからない。ハマっていた時期は、あまりに大量のレバーを月に何度も買うので、近所の鶏肉専門店のご主人が心配するほどだった。

フランスのホームステイ先のモロッコ料理が得意なマダムの影響で、フランスの郷土料理に魅了されたというサルボさんのプロフィールに納得するエキゾチックなレシピの数々は、いつも私を料理上手な気分に誘ってくれる。ひとりの夜は、この本を読みながら飲むこともある。またあるときは、女数人で飲みながらこの本を開き「あー、これも食べてみたいね」などと話しているうちに、やっぱり本当に食べてみたくなって、友人とかわるがわる、レシピを真似て作ったりした。

最近、ハマっているのは、〈厚揚げのグリーンカレー風〉。お菓子作りに使おうと思って買っておいたココナッツミルクの缶詰の賞味期限が迫っていたとき、たまたまこのレシピを見つけて作ってみたら、これがまたなんともすごかった。異国情緒と和素材の見事な融合！　サルボさんの頭の中と舌の感覚の妙にたまげてしまった。この本をはじめ、サルボさんのレシピにはそういう素材や味の合わせが幾度となくある。そのたびに私はレシピを見返し、「なるほどな」と、どうしてこういう味わいになったのかを自分の頭に噛み砕いては刻み直す。いつかお目にかかってみたいと密かに思っている方。どこかで彼女が作る本物の味わいを食べてみたいなぁと思い続けている。

タイトル通り、つまみにドンピシャのものがページをめくるたび次々出てくる飛田和緒さんの『つまみ』もまた、素材別になっているが、サルボさんの『前菜食堂』と違うのは、素材別かつ、お酒別にもなってるところ。食べたい素材の章をめくりながら、飲むお酒のことを思いながら、明日のつまみを考えるのが楽しい。肉の章はビールに合うつまみ、魚の章は焼酎。野菜は白ワインに合わせて。〈つまみギョウザ〉、〈ハムカツ〉、〈もつ煮〉など居酒屋でビールとともにパクパク食べたいメニューがずらりと並ぶ肉の章は、飛田さんのファンでもある実家の母も、ダンナも気に入っていて、「飛田さんの居酒屋やって！」と、よくせがまれる。飛田さんは友人や仕事仲間を呼んでのごはん会をするとき、いつも自分もちゃんと座って、よく飲み、よく食べている。それなのに、誰かが「〜食べたいね」という声を逃すことなく聞いてはさりげなくキッチンに立ち、パパッと一、二品拵えて、またみんなの輪の中に戻ってくる。この本には、そんな飛田さんのごはん会のときのメニューもたくさん詰まっているように思う。

ちなみに2021年に編集を担当させてもらった『ごはんできたよ！ 今日何作ろう!? 何食べる!?ある日の献立、つまみとおかずとごちそう、〆も 一五〇品』は、そんな飛田さんの誰かと囲む食卓の風景とレシピをまとめたもの。なんでもない日曜日、家族に作るごはんもあれば、ママ友と囲む食卓、友人たちとワイワイ過ごす夏の日のごはんなど、誰もがあるある！と思える何気ない、けれど、

『日々の食卓』

『ニュー スタンダード ディッシュ』

『ごはんできたよ！ 今日、何作ろう!?
何食べる!? ある日の献立、つまみと
おかずとごちそう、〆も 一五〇品』

『酒のさかな』

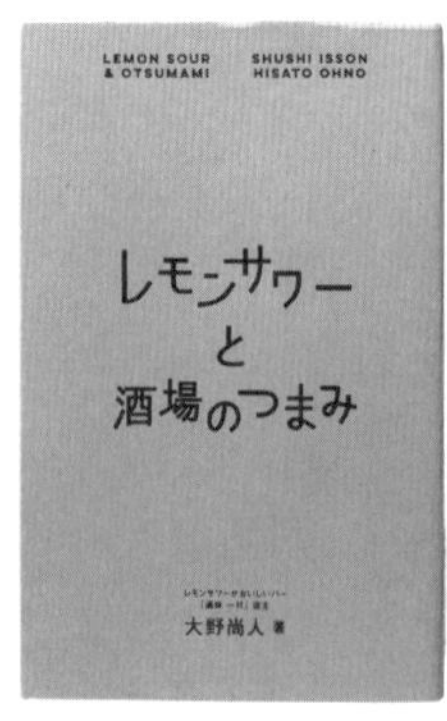

『レモンサワーと酒場のつまみ』

楽しくておいしい時間の過ごし方がリラックスした感じでまとめられている。この本作りのときの「みんな（スタッフ）が何を食べたいかなーって、考えるのが楽しかった」という飛田さんのひと言には、人をもてなす気持ちのすべてがある。誰かを思う気持ち、おいしいものを食べてもらいたいという想い。誰かと囲む食卓は楽しいし、おいしいものがもっとおいしくなる。飛田さんの料理は、そういうことも教えてくれるように思うのだ。

お話を読むようにレシピをなぞり、出来上がる料理を想像するのが愉しみなのは、高橋みどりさんの『酒のさかな』。これは夜ベッドに転がりながら、明日のことを考えつつ読む。

長尾智子さんの『日々の食卓』、『ニュー スタンダード ディッシュ』は日々のごはん作りにと買ったものだが、どちらもチラホラとつまみになるものが出てくる。特に『日々の食卓』のひじき、桜えび、干ししいたけ、切り干し大根などの乾物や豆、豆腐関係を使った〈ひじきとれんこんのにんにく炒め〉や〈しいたけチップス〉などといった酒のつまみにもなるメニューは、和の素材を使っているのに和食然とせず、長尾さんならではのエスプリが効いた料理になり、どれもこれもワインに合う1品になる。

〆にもなるけど、ちょっとしたつまみにもなる〈桜えびとわけぎのビーフン〉はもう何度作ったかわからないほど好きなもの。桜えびと焼き目のW香ばしいがたまらない。アルミホイルに包んでオーブンで焼いた里芋に塩やマヨネーズなどをつけて食べる〈さといもの丸焼き〉も一時ハマって、旬のときはこれとワインだけという夜があったくらい好きになったものだった。

つまみを作るときは、本を開いてという感じではない。暇なときパラパラとめくっていたあのページのあれを、と思いながら多少間違っていてもいいかなというくらいのラフさでキッチンに立つことがほとんど。時々は、冷蔵庫を開けて、今日はあれとあれがあるから、あの人のあの本のあれを作ってみよう。そんな感じに決まってくることもある。特別な日に大事にしていたワインを開けるから、つまみは絶対にこれを作るぞー!と気合を入れる日も。

私の脳内図書館に溜まっている長年読みあさってきた数々の料理本のレシピが、前日から「明日はこれがいいんじゃないですかー?」、「あれがあるからこれも作れるんじゃないですかー?」と話しかけてくることもあるが、溢れる選択肢をぼんやり思い浮かべながら考えているうちに眠りこけ、朝になっていることもままある。

実際に飲み食いしているときはもちろんだけれど、本を読みながらその時間を想像する時間もまたなんとも幸せなひとときなのだ。料理本は、私たちにそういう幸せももたらしてくれるものだなと、最近あらためて思っている。

で、最近のそのまた最近、レモンサワーとやらにハマって『レモンサワーと酒場のつまみ』という本まで購入してしまった。男のつまみ的なパパッと感と、「ここにこだわるのね」という新たな感覚がおもしろく、ダンナに読ませて何か作ってもらおうとせっついている。お酒とおいしいつまみ。現実も本も、尽きることはない。

サルボ恭子『**前菜食堂――野菜たっぷりで、主菜、副菜、つまみにもなるシンプルでおいしいそうざい105**』
２０１４年、主婦と生活社
飛田和緒『**つまみ――お酒はもちろん白いごはんにもぴったり合う、パパっと作れるつまみ113**』
２０１４年、主婦と生活社
『**ごはんできたよ！ 今日、何作ろう!? 何食べる!? ある日の献立、つまみとおかずとごちそう、〆も 一五〇品**』
２０２１年、朝日新聞出版
高橋みどり『**酒のさかな**』２００７年、メディアファクトリー／２０１４年、ちくま文庫
長尾智子『**日々の食卓――ひとつひとつの素材から広がるレシピ**』２００４年、学習研究社
『**ニュー スタンダード ディッシュ**』１９９７年、柴田書店
大野尚人『**レモンサワーと酒場のつまみ**』２０１８年、柴田書店

WARING

Ⅱ おやつの時間

私的料理本のはじまりはお菓子の本だった

料理上手な友人たちの母上たちは、たいてい自身による料理メモを作っていて、それを友人たちは自然と家の味として受け継いでいた。「すてきだなぁ。うちにもそんなノートがあったりするかな?」と思ってみたが、期待するまでもなく、大雑把なわが母はもちろん、祖母もまったくもってそういった素養を持ち合わせていなかった。しかも、うちには料理本というものさえなかったように思う。

先日、実家に帰ったとき母に、「料理本って持ってなかったの?」と訊ねてみた。母は少し考え「そうねー、欲しいときもあったけど、だいたいは新聞の切り抜きが多かったかな。そんな余裕もなかったしね。ラジオで聴いたこととか、テレビでやっていたものをメモして、それで1回作ればだいたいなんとかなっちゃう感じだったのよね。あ、でもね、お母さんね、お嫁に行く前に料理教室に通っていたのよ、小岩の。そこでやったことと、お姑さんに教わった料理もまぁまぁあったしね」。

『すてきなおかし作り』

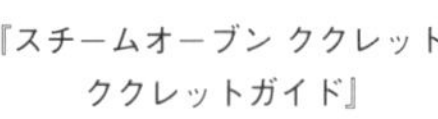

『スチームオーブン ククレット ククレットガイド』

そう言い、ちょっと上を向き、何か思い出したのか「ふふふ」と笑った母を見ていたら、なんとなくその先を突っ込む気がせず、話は終わった。

ごくたまに、雑誌の付録の料理冊子が新聞と一緒に積み重ねられてあったのはそういうことだったのか。あとは冷蔵庫の端に、母が気まぐれに切り抜いた新聞のレシピが、見ていたのかどうかもわからないくらい、申し訳程度に磁石でプッと留めてあったくらい。今思うと、母は何を頼りに毎日のごはん作りをしていたんだろうと思う。おそらく、まぁまぁ生活が大変で、料理本を買うだなんて、そんな余裕はきっとなかったんだろう。

けれども、母のごはんはなぜだかいつもものすごくおいしかった。土曜日の学校が半ドンの日は、母の作るお昼ごはん目当てに友人たちがそのまま一緒にうちに帰ってくることも結構あった。

祖母のごはんも同じく、天ぷらも煮物も、季節の炊き込みご飯や、おはぎやあんこを炊いたりしたものも、思い出すだけで口の中に唾が溢れてくるほどおいしかった。ふたりはいったいいつ、どこで料理を覚えたんだろう!?

そんなわが家だったけれど、小学3年生のとき、私は初めて料理本というか、お菓子のレシピ本をお小遣いで購入した。今田美奈子先生（注1）の『ミニレディー百科 すてきなおかし作り』。1978年刊。オーブンもないのにお菓子作りだなんてことに気づくわけもなく、買ってから、お菓子作りにはオーブンが必要なのだと知った。仕方なく、トースターやフライパンでできるものと思ってみたが、せいぜいクレープやゼリーくらいで、作りたい欲求は収まらず、なんとも切ない気持ちになった。

注1：洋菓子研究家、食卓芸術プロデューサー。私たちの世代のお菓子作りの本といえば今田美奈子先生の本！　これで育ってきたといっても過言ではないほど、少女たちのお菓子作りの始まりを牽引されてきた偉大な方。本格的なお菓子作りの教室やサロンなどは今も私の憧れ。

それでも華やかに飾られたスタイリングと、ハート型のチョコレートケーキや、真っ赤ないちごがふんだんに使われたショートケーキの写真を眺め、作り方を何度も読み返すだけで幸せな気持ちになったし、もしも作ったら誰にあげようかと夢ふくらませていた。今思うと、かなり笑えるが、当時は真剣そのもの。これほど穴の開くほど見た料理本は、他にはない(注2)。それくらいよく開いては妄想お菓子作りを楽しんでいた。

あれから40年以上経った2020年、今さらながらお菓子作りにハマった。それでふと、久しぶりにこの本を読んでみようと思い出し、実家の本棚を探してみるも、見当たらない。母に聞くと「そこにないなら、捨てちゃってるかもねー」と、大雑把な返答。そりゃそうだ。40年以上も昔の本をちょっと見てみようだなんて、「なんで?」と思う以外ないだろう。でも、ないとなったら、猛烈に読み返したくなってしまうのが心情というもの。こんなときだけ頼りにして申し訳ないけれど、便利なネット時代だものきっと見つかる、と思って検索して青ざめた。ヤフーオークションでも、アマゾンの中古品でも、定価の5倍以上いや10倍くらいの値段がついていた。唖然、愕然。予想だにしなかった展開に、ただただびっくり。けれども懐かしいカバーのイラストを画面上で見て、思わず「おー!」と声が漏れてしまった。あとは、じわじわうれしさが込み上げ、あの頃読んだお菓子へのときめきもじわりと思い出され、走馬灯のように40年前のあれこれが頭を駆け巡った。

とは言え、あまりの古書価である。なぜ今、この本がそんなにも取り沙汰されているのか!? まったくわからなかったけれど、もう一度ページをめくりたい一心で、初めてヤフーオークションに挑戦

注2:今は、仕事の校正時にかなり穴の開くほど発売前の料理本を眺めていますが。

してみた。結果、「即決」というフレーズもよく知らぬまま2000円で落札！

それにしてもページをめくった瞬間、小学3年生の自分に戻れるのがすごい。どれだけ好きだったんだろうとツッコミを入れたくなるほど、どのページにも、どのお菓子にも、そうそうと思い出すことや、作ったらあげたかった人たちの顔が浮かんで恥ずかしくなった。

ほとんどが今なら簡単にできそうと思うレシピだけれど、小学3年生の私にはかなり難しいものも多かった。アップルパイだってパイ生地から作る本格的なレシピ。冷凍パイシートではないのだ（この頃、冷凍パイシートなるものがあったかは不明だが）。さすが今田美奈子先生！　ただ、各ページごとにイラストで描かれたプロセスがかなりわかりやすい。これを何度も繰り返し読んでは、覚えるためだったのか、ただ真似したかったからなのか、イラストをノートに書き写していたこともあった。幼い頃の私の謎な動きを思い出す1冊でもあったが、こうして40年以上ぶりにどなたかが愛読していたものが手元にやってきて、今は単純にうれしい限りである。

今田先生のレシピで、もしかしたらと必死な思いでオーブンの代わりにトースターで焼いてみた〈型ぬきクッキー〉は、もちろん黒焦げでボソボソな仕上がり。いつか『奥様は魔女』（p91）のサマンサの家のようなアメリカンなキッチンで、でっかいケーキを焼くんだと、小学4年生になった私は密かに心に誓った。と、同時にやっぱりオーブンがないとお菓子は作れないんだ、と打ちひしがれていた。

何がどうなってかは思い出せないが、1979年、わが家にグリル付きスチームオーブンがやってきた。妹と私は大興奮！　うれしくて、うれしくて、オーブンに付いてきたレシピブックに載っているメニューを、片っ端から母にリクエストしまくった。

そのレシピブックを先日、実家で今田美奈子先生の本を探した際に見つけ、懐かしくページを開いてみると、そこには〈スイートポテト〉を倍量にしたときの母の走り書きの数字のメモや、妹が〈べっこうあめ〉を作ったときにこぼした飴の跡が懐かしく、そして汚く残っていた（拭きなさいよ！）。私がよく作ったのは〈ベークドポテト〉（このページはきれいだった、笑）。じゃがいもに十字の切り込みを入れ、グリルとレンジを使って火を入れるだけのシンプルすぎる、料理というほどのものでもないもの。でも、焼き上がりの熱々でホクホクのじゃがいもに、バターをのせて溶かしながら食べるそれはなんともおいしくて、パートで忙しかった母の帰りが遅いと、妹とふたりでよくこれを作ってはおやつにして食べた。

70年代後半のこのレシピブックに記されている材料はすべて4人分。今では核家族化が進み、料理雑誌や単行本もなかなか4人分の表記をするところは少なくなった。料理系の雑誌で4人分の表記をしているのは『3分クッキング』と『エッセ』くらいだろうか？　時代に日和ってなくてカッコいいと単純に思う。たくさん作ることでおいしくできるものもあるし、2人家族でも倍量作っておくと、便利だったりもすると思うけれど、どうやら時代は2人分が主流らしい。

表紙をめくると、私の字で家族4人の名前が書いてあり、最後に「用」と記されていた。うちの家族のものだよ、と鼻息荒く印を付けたんだろう。恥ずかしいけれども、うちにオーブンがあることがとても自慢で、誇らしい気持ちだったのだと思う。

これもまたネットでどんなオーブンだったか検索してみたら、色や温度調整のツマミのつくりの感じまで驚くほど覚えていた。それだけ家にオーブンが来たことは、センセーショナルな出来事だったんだろう。そして、それに付いていたレシピブックを、まさか40年以上も大事に持っているとは製作した日立製作所の方々も思うまい。もちろん当時の電子レンジはとうの昔に処分してしまったけれど、母は今もこのレシピブックを頼りに何かを作っているようでなんといまだに実家のキッチンの片隅に私が送った高山なおみさんや飛田和緒さんらの料理本とともに立てかけられていたのだ。これには思わず吹き出してしまったが、母はキョトンとしていた。

１９７９年は、一般家庭に電子レンジオーブンが普及し始めた頃だった。付属のレシピブックを見ながら母は忙しいながらも、毎日、新しい料理に挑戦していた。思えば、これが私にとっての母から受け継いだ唯一の料理メモ的なものなのかもしれない。けれどもそれではいささか味気ない。そんなことを思っていたが、最近、このレシピブックに家族が記した走り書きや、奮闘の足跡を再確認し、幸せな気持ちに包まれた。きっと父は、家族のためにうんと奮発して買ったに違いない。

今田美奈子『ミニレディー百科　すてきなおかし作り』１９７８年、小学館

『日立電子レンジ　1台5役のグリル付　スチームオーブン　ククレット　ククレットガイド』

今が一番お菓子の本に夢中

まさか自分の人生にこんなにもお菓子作りが大切なテーマとして入ってくるだなんて、まったくもって想像していなかった。私には心の奥底でずーっと思い続けている小さな夢があった。いつかハワイで、甘いものもちょっと出す小さな惣菜屋さんができたらと、思っていたのだ。それが気づけば人生も半ばを過ぎ、夢だなんて言っていられなくなってきてしまった。そうこうしているときのパンデミックである。

突然言い渡された終わりの見えない夏休み的な時間。この長い休みに全世界が戸惑っただろう。どこにも出かけられない中、みんな、家でできることを考えたに違いない。少なくとも私はそうだった。そんなある日、お菓子研究家の福田里香さんが、インスタグラムにチーズケーキの作り方をアップしているのが目に入った。基本はクリームチーズを使うけれど「冷蔵庫に残っている乳製品をなんでも加えちゃうこともある」というようなことが書かれていて驚いた。お〜、それでいいんだ!?と。

お菓子作りとは、バターや砂糖、生クリーム、卵などを正確に計らなければならないものだと思い込んでいたし、勝手ながらとても面倒なものだと決め込んでいた。だから、何十年も料理本の編集をしてはきたが、お菓子の本を丸ごと1冊手がけたのは数えるほどしかなかった。そんな苦手意識のハードルをググッと下げてくれた福田さんのゆるやかなコメントに背中を押され、「チーズケーキ作ってみよう！」と思い立ってしまったのだ。時間はあり余るほどあったし、何かしら手を動かしたくて仕方がなかったというのもあった。しかも、福田さんのインスタグラムにあったレシピで作ったバスクチーズケーキは驚くほどおいしく焼き上がった。ビギナーズラックとはこういうことなんだろう。

その後の私はお菓子作りの大変さを知り、数々の失敗を重ねていくわけだが、最初の一歩から2年半。未だ飽きることなくお菓子作りにハマっている。それで最近になってようやく気づいたのは、もともと私はお菓子作りをしてみたかったんだということだ。なぜなら、意外とお菓子の本を持っていたし、始めるにあたり、いくつかのパウンド型やマフィン型、ハワイで購入した昔あったパン屋さんが使っていた天板やスノーマンやジンジャーマンのクッキー型、プリン型もなぜだか10個以上も持っていた。他にも大きさ違いのゴムベラや木べら、泡立て器なども引き出しにたくさん収まっていた。これらのお菓子作りの道具をちょこちょこ買っていたのは海外に仕事に出かけたとき。ほとんどがハワイのスーパーマーケットやヴィンテージストアで見繕ってきたもので、ごくたまにフランスの蚤の市で購入した型やヘラなども大事にしまってあった。見た目のかわいさだけで手に取っては集めてきたものを、こうして実際使う日が来るだなんて思ってもいなかった。

お菓子のレシピブックもそう。最近よく手に取る本以外にも、本棚には結構な冊数のお菓子のレシピブックが収まっていた。そのほとんどが自分が編集したものではないもの。久しぶりにごそっと出して読み返していると、ダンナが「よく寝るときに読んでいたよね、お菓子の本。いつ作ってくれるのかなーって、20年くらい思ってたけど。」とポツリ。そうだ、私は夜寝る前にお菓子作りの本を読んでは、何か夢みがちな気分に浸り、気持ちよく眠りについていた。お菓子に添えられた料理家の方々のコメントはどれも甘く、シュッと口の中で消えてなくなる砂糖菓子のようなふわふわとした淡い感覚があり、まだ見ぬ遠い世界の物語を読むような感覚で言葉を追いかけた。当時、お菓子のレシピは私の中では完全に読み物だったのだ。

ところが今は、作りたい気持ちのほうが前のめり気味。久しぶりに開いた本を、まるで新しい本でも買ったかのような気持ちで目を見開き、何を作ろうかと貪るように読み込んでいる。

お菓子作りは中毒だ。誰もが知っているようなフルーツケーキやチーズケーキといったお菓子のレシピをいろいろな本で試し、知りたくなってしまう。買っても買っても、読んでも読んでも、もっともっとと欲してしまうのだ。いわゆるごはんやおかずのレシピ本にはない欲求。煮物や炒め物のレシピをあれもこれも知りたいとは、私はあまり思わない。ひとつ知っていれば、あとは自分なりに変えていくこともそう難しいことではないように思うからだろうか。お菓子は私にとってまだまだ先が長い修業の始まりだからだろうか。とにかく、読んでも読んでも、作りたい気持ちが追いつかないし、かつて読んでいたお菓子作りの本もあらたに息を吹き返したかのように、私にいろいろなことを授けてくれる。大人の独学というか、手習いというか、老後の楽しみが早く来すぎてしまった今、毎日何かしらのお菓子作りの本を開いては、ダンナをお茶会に招くのが日常と化してきた。

石橋かおり
『焼き菓子』『デザート』『チョコレート』

よし！　お菓子作りを始めようと思った時、本棚から一番最初に取り出した3冊。ベーシックなメニューと細かなプロセスカットが、初心者の私にぴったり！と思ったのだけれど、そうは問屋が卸さない。やっぱりお菓子作りは難しかった。でも、カメラマンの野口健志さんによる透明感のある写真と「おいしい」が迫ってくるような高橋みどりさんのスタイリングは眺めているだけでもいい。石橋かおりさんの的を射たポイント解説にようやくなるほどとうなずけるようにもなってきたところ。時々、これで合っているかな?的に開くことも多い教本のようなシリーズ。（「石橋かおりのお菓子レッスン」２００３〜０４年、雄鶏社）

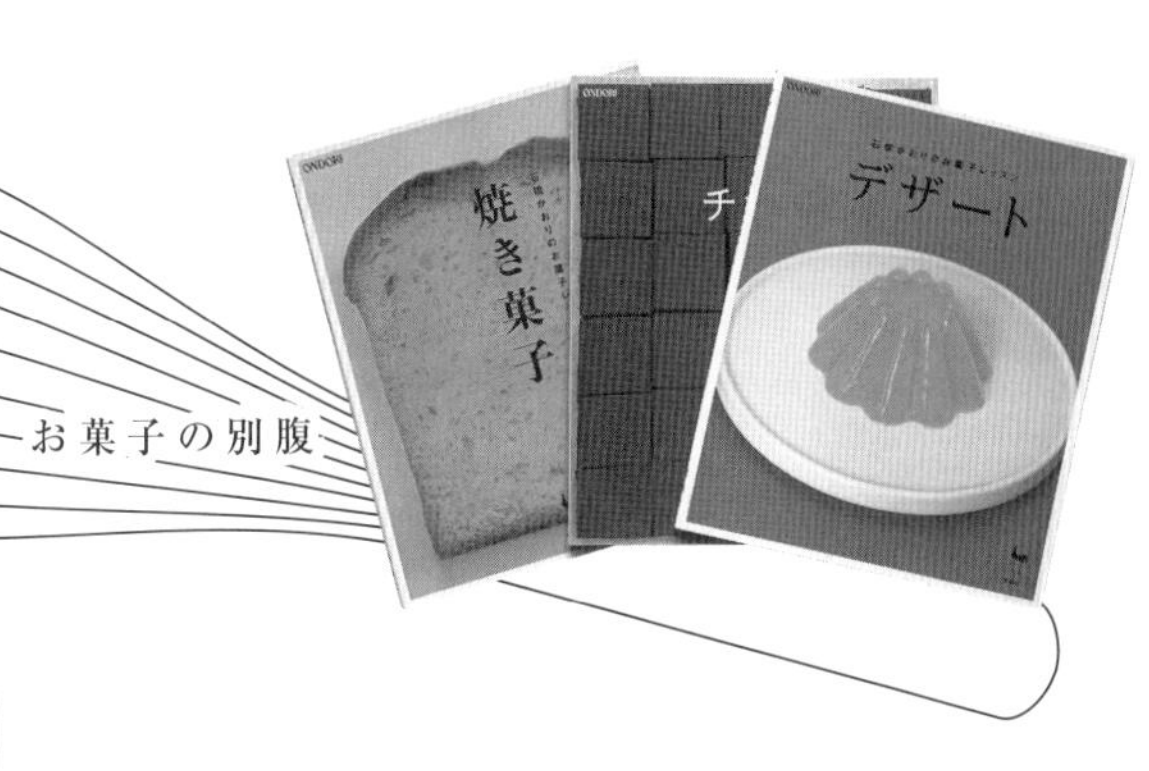

藤野真紀子『フランスの素朴なお菓子』

〈クレープ〉と〈ガレット〉、〈タルト・タタン〉、〈マドレーヌ〉など聞き覚えのあるものから、〈ココ・オ・ミエル〉、〈ミルリトン〉など初めて聞くお菓子まで、素朴なお菓子＝いわゆる郷土菓子がずらりと並ぶ。憧れの藤野真紀子先生のご著書ということもさることながら、デザイナーの茂木隆行さんのポップな色味使いとデザインが大好きで、30代の初めに手にした本。フランスの地方に取材に行き、撮影された市場や街角のカフェ、牧場の呑気な牛たちの写真とノルマンディー、プロヴァンス、アルザスなど各地方のお菓子にまつわる話が楽しくて、読んでいるだけで夢がふくらんだ。撮影は長嶺輝明さん。いつの時代も私の憧れの本を作り続けているなぁと、今頃になってクレジットを見直してはしみじみしている。（１９９９年、オレンジページ）

NHK出版「suki！シリーズ」

NHK出版から出ていた「suki！シリーズ」。1冊48ページで660円という価格の気軽さとサイズ感。シリーズとなると俄然番号順に揃えたくなる日本人の性質を見事に捉えたレシピブックは2000年からスタートしてお菓子だけではなく日々のおかずまで網羅し、老若男女に人気だったと勝手に記憶している。小黒きみえ先生の『ぜったいプリン』、脇雅世先生の『リンゴノオカシ』、渡辺あきこ先生の『昔ながらの三時のおやつ』、とタイトルにもあるように、プリン、りんごのお菓子といった具合に、細やかなテーマ分けで1冊が完結している。全部で25巻以上あったはずだったのに、気づいたらお菓子に関してはこの

3冊のみが本棚に残っていた。今もプリンを作るときは小黒先生のこちらをまずは見て、それからアレンジを含めて他のレシピと相談しながら決めている。りんごの季節になったら脇先生のこちら。小腹がすいたときには渡辺先生の昔懐かしいメニューが並ぶこれを開く。お菓子とは関係ないけれど、以前、仕事でご一緒した際に渡辺先生が作ってくださったのり巻きは感動的なおいしさだったことを思い出す。昭和のお母さんたちが腕まくりして作っていたような、どこか懐かしい味わいが、渡辺先生の手にかかるとこうもおいしくなるのかと感動した。以来、この手のレシピは渡辺先生！と思っている。（2000〜01年、NHK出版）

Ｍｉｏ『ハッピーな気持ちを贈るアイシングクッキー』

この人の本を作りたい！と思うのはだいたい自分の実体験に基づくことが多い。この本もまさにそう。甘いものがそれほど好きではなかった私が、心底おいしい！と思ったのがＭｉｏさんが焼いたお菓子だった。アイシングクッキーはいまいちおいしくない……という既成概念を気持ちよく覆す、かわいいだけではない、クッキーそのものもおいしいレシピ。これは我ながら傑作でした。（２０１８年、誠文堂新光社）

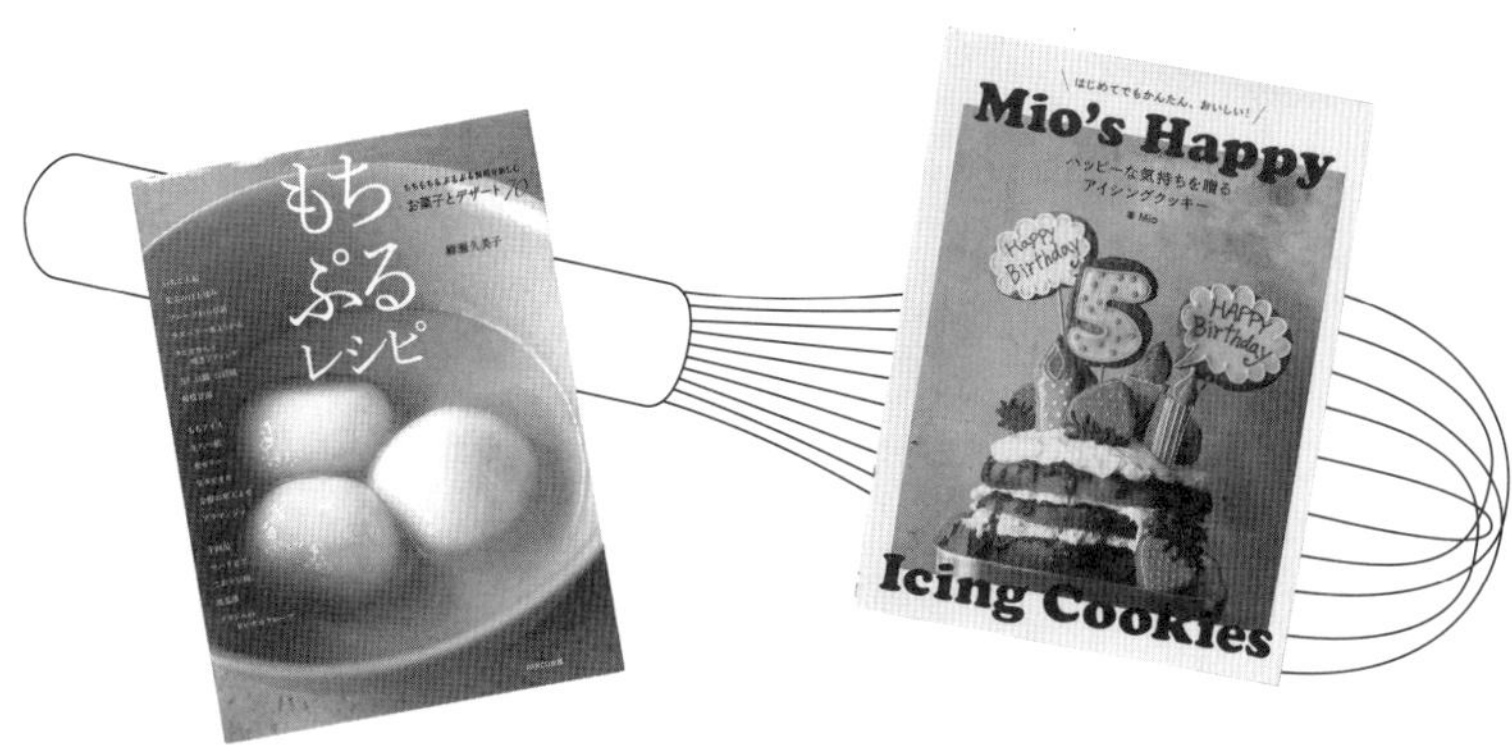

柳瀬久美子『もちぷるレシピ』

もちぷるというと冷たいもの、と思い込んでいたが、ロールケーキやどら焼き、クレープも含めて、まさにもちぷるな食感にこだわったお菓子のレシピ。プリンひとつとっても蒸し焼きにするものと冷やすだけのものがあったり、かためる材料も板ゼラチン、粉ゼラチン、アガー、寒天などさまざまなものを使うあたりが実験チックで楽しい。この本を開くたび、お菓子作りに前のめりな私のやる気がムクムク。やめられない止まらない。（２０２０年、パルコ出版）

おやつの時間1 古くて新しいガーリーな本

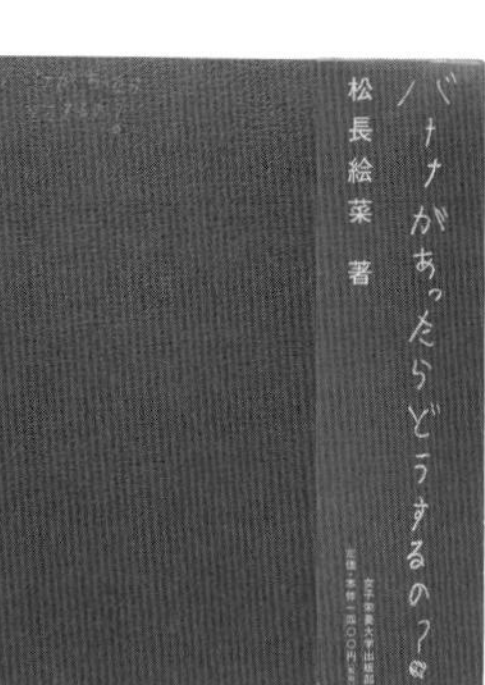

『バナナがあったらどうするの？』

もはや一日一お菓子が習慣になってしまった私は、本棚からお菓子のレシピブックを引っ張り出しては、夜中に読み、翌日実践する、を繰り返すようになった。

ずいぶん前に購入し、ご本人からサインまでいただいていた松長絵菜さんの『バナナがあったらどうするの？』は、真っ赤な表紙の左上に消え入りそうに細く小さなタイトル（セリユキヲさんと辻祥江さんのデザイン。当時このデザインが許されたのが素晴らしい！　だいたいタイトル文字は大きくしたいというのが版元の意向で、そこでデザイナーとフリー編集者VS出版社という攻防戦が繰り広げられるが、だいたい負けてきた、笑。たまに勝って、こちらの意が汲まれた形で出版されたものが売れると心の中でガッツポーズ！）があり、さらに縦に掛けられた帯にもタイトルが掲げられた凝ったつくりの本。かわいらしいのは正直あまり得意ではないが、このタイトルに惹かれてずいぶん前に購入した。

松長さんの本は全般において、ご本人の見た目と同じく華奢なイメージがあるが、かわいいものを作りつつも、実は一本太い芯が通っている。何度か仕事をさせていただき、作るお菓子と話しぶりからそう感じている。

買い物に行き、なんとなく買ってしまったバナナにスイートスポットがたくさん出始めると、キッチンの本棚からこの本を取り出す。〈ベイクドチーズケーキ〉、〈バナナカスタードプリン〉……、今日はどれにしようかな？　いや、これはまだ私には早いなとか。お菓子の写真に添えられた手描き文字やポイントカットのイラストのかわいらしさが心に優しく落ちてくるからか、夜寝る前に読むのにもちょうどよく、明日のバナナのためにキッチンの本棚からベッドサイドへ、ということも多い。考えてみれば20年も前の本。しかしまったくもってそんな気がしない、今見ても新鮮な、私の本棚に唯一あるガーリーなやつなのだ。

松長絵菜『バナナがあったらどうするの？』２００１年、女子栄養大学出版部

おやつの時間2

かえる食堂のおやつ

毎日のお菓子作りはだいたいが自分のため。あとは甘いもの好きなダンナのためも少し。昔懐かしい、おやつと呼ぶにふさわしいお菓子は家で食べるにもってこい。そんなレシピブックがあったらなぁと思ったところから生まれたのが、『かえる食堂のおやつの本』。僭越ながら私が編集をさせてもらった数少ないお菓子作りの本だ。

幼い頃からおやつを作るおばあさまにちょこちょこついてまわっては、その背中を見てきたという松本朱希子さん。教えてもらったおやつは数知れず。ここにはそれをなぞらえてきた松本さんの手にすっかりなじんだおやつのレシピが並んでいる。そのほとんどが、〈かすていら〉、〈レモンケーキ〉、〈ドーナツ〉など、素朴でやさしい味わいのもの。この本には、松本さんのおやつのレシピとそれにまつわる話がまとめられている。

『かえる食堂のおやつの本』

　製作当時の私は、松本さんの作るお菓子を頬張り、そのなんとも言えないやさしい味わいに酔いしれた。が、自分で作ったのは試作時のみ。仕事でなく、自分のために甘いものを拵えようだなんて思ってもいなかった。あれから11年経ってようやく自分の手で作るようになり、再び松本さんのおやつのおいしさに沁み入っている。ボウルで何かを混ぜるとき、りんごの皮をむくとき、卵を割るとき、いつも松本さんはそれはそれはやさしく、ていねいに進めていた。そのことを思い出しながらおやつを作る時間は、和やかでやさしい周波数が自分の中に流れる。

　ところでかえる食堂とは松本さんの屋号。時々、どこかのイベントでお菓子を出すときなどもこの名前で。その昔、京都で大学を卒業したての彼女が、かえるがプリントされたTシャツを着て、おだんご頭だった頃についたあだ名だそうだ。お母さんになった今も、彼女のお菓子も料理も、変わることなくやさしい味わい。いつの日かまた、お菓子でも、お料理でもいいから、松本さんの本の編集を担当させてもらいたいなぁ（注1）。

松本朱希子『かえる食堂のおやつの本——祖母に教えてもらった懐かしくてやさしい味』２０１０年、扶桑社

注1：編集をさせてもらった本の中でも特に好きでよく使っている『かえる食堂　好きな素材と台所道具で』は、道具からも素材からも、松本さんのおいしいもの作りが学べる１冊。こんな本をまた作りたい。

おやつの時間3
晩ごはんの後の小さな甘み

お菓子作りを嗜むようになり、3時のおやつはもちろん、晩ごはんの後のちょこっと甘いものも欠かせなくなってきて久しい。そのちょこっと甘いもの気分と自分の作りたい欲が気持ちよく着地する長尾智子さんの『今日のデザート帖』。これもまた発売当時に買い、読むだけ読んで実戦には至らずのままになっていた本だった。

ずいぶん昔の話になるが、長尾さんと料理本の撮影をさせていただいたとき、仕事がひと通り済んだ後で長尾さんがささっと作ってくれた柿とビターチョコレートとラム酒のデザートが忘れられない。食べやすく切った柿にビターチョコを手で割って加え、ラム酒をまわしかけて軽く混ぜたもので「アイスクリームを添えてもおいしいわよ」と、長尾さんはおっしゃっていた。まさにおっしゃる通りで、帰ってから猿真似よろしく、すぐに得意げに家の晩ごはんの後にそれを振舞った。ダンナは小

『今日のデザート帖』

さな日を最大級に見開き「なにこれ！　すごいね！」と、それはそれはおいしいものを食べたときの驚きと喜びを繰り返し口にしていた。その後もこれはおいしいものとしてガッツリ私の中に残り、秋になると繰り返し作るようになった。

長尾さんのレシピには、こういう一瞬「え？」と思う、組み合わせがたびたび登場する。思いもよらないもの。でも、それは衝撃的に頭にズガーンと来たり、じわじわ来たり、とにかくおいしい組み合わせとして残っていくものなのだ。この本にもそんな組み合わせがたくさん登場する。洋菓子の料理家の方々が中国茶や日本茶をデザートの材料にするうんと前から、長尾さんの本にはこれらを使ったデザートがよく登場していた〈葛餅 中国茶シロップ〉（注1）は私もハマったデザートメニューのひとつ）。

長尾さんのレシピの中で、この2年の間に何度も作っている〈バナナのキャラメリゼ〉は、何かする元気すらなくても甘いものは食べたい、そんなときにぴったりのレシピ。ミルク寒天にはしょうがの黒蜜、マンゴー寒天にははちみつソース。この組み合わせはすっかり大人になった今、晩ごはんの後にちょこっと食べたい甘いものとして、味わいもお菓子のネーミングもグッとくるもの。

長尾さんの本はすべてそうだけれど、レシピに添えられた文章を読むとそれにまつわる何かを試したくなる、作りたくなる不思議がある。なんでだろうか、ムクムクとやる気が湧くのだ。

長尾智子『今日のデザート帖』２００７年、メディアファクトリー

注1：葛餅に鉄観音茶と三温糖を合わせたシロップをかけたもの。同じページに葛餅にキャラメルシロップをかけたものもあり。長尾さんが作るデザートの組み合わせには驚きと感動がある。

福田里香さんのお菓子と、言葉選びと、本作り。

『チョコ＋スイーツ×ラッピング』

20年以上前のこと、『ＥＲＩＯ』という雑誌で先輩編集者が福田里香さんとイラストレーターの長崎訓子さんおふたりのスイーツの特集を担当したことがあった。そのページの校正が出てくるたび私は、憧れ×１００の思いで「見せてください！」と鼻息荒くお願いしては、胸をときめかせていた。福田さんの生み出すキャッチーで甘〜い雰囲気のお菓子に、長崎さんの大人のお茶目なイラストが加わったそのページは、絵本のようで、女の子なら誰しも憧れるスイートなムードが溢れていた。

１９９９〜２００２年にかけての『ＥＲＩＯ』の連載ページに加え、他の雑誌の記事や新たにチョコレートのレシピを撮り下ろして作られた『チョコ＋スイーツ×ラッピング』は、本棚の中の福田さんコーナーの大事な１冊。

福田さんに言わせると、この本はオムニバスだそうだ。だからどこから開いてもいい。途中下車も全然OKという気軽さがお菓子作りのハードルをグッと下げ、自由でいいよ、好きに作ってみて、と言われているようで、まだ何も作っていないのに、作る前からホッとした覚えがある。

カメラマンはオムニバスに相応しく、90年代から2000年代初頭の料理本に大きく影響を与え、今なおさまざまなかたちで活躍し続ける日置武晴さん、野口健志さん、竹内章雄さん、そして小泉佳春さんのスーパースペシャルな4人による写真が章ごとに使われている。

今まではこれを眺めていただけの私だったが、俄然、お菓子を作ることへも興味が湧いてきたところで再び開いたこの本に、改めて本当にくびったけになってしまった。福田さんが開催していたフードイベントで見た、買った、食べた！ことのあるキュートでキャッチーで、ある意味パンクなお菓子もぞろぞろ出てくる。私が特に好きなのは「デザートがなくちゃ、はじまらない！」と「スイート11スタイル スイート11ストーリー」の章。

長崎さんのイラストと福田さんのカラフルで夢溢れるお菓子が満載の「デザートがなくちゃ、はじまらない！」の写真は、カメラマンの野口健志さん。なんと福田さんからの依頼は「ニューヨーカーで和田誠トリビュートなノリで」。全然、わからない、笑。でもなんか素敵なこの依頼に気合を入れて臨んだ野口さんは、目次にある撮影エピソードコラム「バス停のこぼれ話 stop2」の中で、「100万回サンキュー」と福田さんから愛溢れるメッセージを贈られている。

隠れテーマであるミュージカルが、隠れているようでそれほど隠れていないところもいい（詳しくは本を読んでほしい！）。こういった撮影のこぼれ話が読み取れる目次も楽しく、たまに読み返しては、あぁ、そんな思いで製作されていたんだなぁ、とニヤニヤしている。これは料理本好きの人には絶対読んで欲しい目次。こんな楽しい、料理本のテーマの設け方や、奥深さが垣間見られるページはどの料理本を探しても見つからないと思う。

「スイート11スタイル スイート11ストーリー」は、1999〜2000年に女性誌で連載していたものだそうで、福田さんの発想がお菓子に落とし込まれていく感じがいい。デザイナーの中村善郎さんによるこの章のページの色使いと書体の選択もたまらない。さらに、スタイリストの岡尾美代子さんのスタイリングがわなわなするほど好き（特にキャンベルのスープ缶でバナナマフィンを焼いたやつ！）。と、好きだらけの章。どのページもレシピの前にはおいしそうでキュンとするお菓子の写真とともに、これらを作ろうと思うまでの福田さんの想いが綴られた文章がびっしりとある。本当にびっしり。そこが熱くて（熱血）、厚くて（考えが深い）、素敵なのだ。

写真は竹内章雄さん。ちなみに福田さんは、連載ではコラムに至るまで好きにしていいと言われたので、自分なりに気を遣って書いたつもりだったが、「冷静に考えたら、いくらなんでもコアすぎる内容といまごろ反省」と、撮影エピソードコラム「バス停のこぼれ話 stop3」に書いている。今回そのコラムを読み返し、いやぁ、本気がここまで形になるってすごいことだなと、さらにこのページが好きになった。この本はお菓子作りをするにもいいけれど、お菓子作りが楽しいってことに通じる扉が何個もついている本だ。行ったり来たり、バスに乗ったり降りたりしながら（福田さん的に言うと→『チョコ＋スイーツ×ラッピング』の「はじめに」を参照してください）、自分の妄想や想像をかき立て、腕まくりしては真夜中に急にお菓子作りをする。そんな乙女心にも、パンクなハートにも、夢見がちなファンタジーにも、ロックな精神にも寄り添うスイートが炸裂した本。

それにしても失礼ながら、福田さんの頭の中はどうなっているんだろうか!?といつも思う。いつか福田さん監督のスイートな映像とか（レシピありの）、頭の中がわかるような本、「天地創造」ならぬ、「福田里香　お菓子創造」みたいなものが見てみたいなぁ。あぁ、福田さんの本を読むと妄想が止まらない。

福田里香『チョコ＋スイーツ×ラッピング』２００３年、日本放送出版協会

福田里香さんの別腹

福田里香、長崎訓子『スイーツオノマトペ』

「もぐもぐ」「プルンプルン」といったオノマトペ（物事の動きや状態を擬声化したもの）という言葉をよくよく知ったのは、雑誌の仕事で福田里香さんを取材したときだった。

アメリカ人の友人はよく日本にはオノマトペという絶妙な表現があってうらやましく、とてもワンダフルだと言う。Rainy Dayで終わってしまうことを日本語なら「今日はザーザー降りだ」、「今日の雨はそれほどでもないよ、サラサラって感じ」、「雨がポッポッ降ってきたよ」と、まぁこんな具合に、雨の様子がすぐわかるからだそうだ。海外の人たちからすると、それはとてもすてきな、奏でるような表現らしい。

当たり前に使っていたオノマトペをタイトルにした本を、しかもお菓子で作ろうと思った福田さんの目のつけどころにたまげた。福田里香さん（料理と文）と長崎訓子さん（イラスト）の著書『スイーツオノマトペ』はタイトル通り、お菓子にまつわるオノマトペとともにレシピを紹介する、日本初！いや世界初!?の本だ。

〈ラズベリーのヨーグルトムース〉は「ふわふわ」。〈卵ドーナッツ〉は「もぐもぐ」。〈生クリームカスタードプリン〉は「ぷるぷる」で、〈ココナッツソースの果物ゼリー〉は「ぷるんぷるん」ときた！　お〜、そうきたか〜!!とニヤニヤしてしまうほど、言葉の選択に急所を衝かれる。レシピに添えられた福田さんのひと言がまたいい。「ピーナッツブックスの主人公チャーリー・ブラウンの定番ランチがこれでした。サワーなライ麦パンにはさめば「はむはむ」感は完璧です」（「ピーナッツジェリーサンドイッチ」より）。

なるほどと思ったり、そうそう！と思ったり。そのたびにやる気を出して、またいそいそとオーブンを予熱しに、冷蔵庫の中の乳製品を確認しに、キッチンへ向かってしまうのだ。

レシピ本だけれど、絵本のようでもあり、言葉を知る本でもある。言葉がもたらすお菓子の食感、味わいと想像&妄想が膨れ上がり過ぎて、いてもたってもいられなくなる、そんな本なのだ。（2005年、筑摩書房）

スイーツのレシピブックを作る

自然派と呼ばれるワインを惜しげもなく加えてスイーツやコンフィチュールを作っているパティシエ夫妻がいると、近所の酒屋さんから教えてもらった。伊藤直樹さん、雪子さん夫妻が営む、神奈川県茅ヶ崎市の住宅街にひっそりと佇む「メゾン ボン グゥ」という名のパティスリー。以前からお店のファンではあったが、まさかそんな大胆なワインの使い方をしているとは！と、驚いたところから少しずつ話をさせてもらうようになり、奥様がフランス、アルザス地方にあるメゾン・フェルベール（注1）で修業なさっていたことも知った。どうりで！　おふたりのお店のお菓子がおいしいのはもちろんのこと、フランスの地方都市を彷彿させるワクワクする雰囲気にも納得。お菓子についてもいろいろ教えてもらうなか、彼らの初めてのレシピブックを編集したいという思いが叶い、本格的にお菓子の修業をするような気持ちで２０２０年の秋から本作りがスタートした。

『湘南 メゾン ボン グゥの
焼き菓子とコンフィチュール』

冬の時季の撮影は長いときには早朝から深夜にまでおよび、お菓子ゆえクリームやバターがゆるまないようにと、暖房をきかせられない場面も多々あったが、誰ひとりとして少しの文句もないまま撮影が進んだ（文句はなかったけれど、笑いは常にあった。むしろ笑って体を温めるくらいな感じだった）。黙々と被写体に向かうカメラマンの広瀬貴子さんと、そのアシスタントを務めながら自らも動画撮影を進めてくれた松園多聞さん。お菓子作りにも興味津々のふたりは、ファインダー越しに伊藤夫妻の一挙手一投足をガン見。撮影時の熱い想いが美しい写真と動画となった。

レシピを練り上げるための試作はお店の工房のみならず、わが家のオーブンを使っても行われた。家庭用のオーブンと、工房のプロ仕様では温度や時間も違うだろうという伊藤夫妻の細やかな気遣いからで、一度ならず、何度もうちで（笑）、試作を繰り返した。その結果の今である。まだまだ修業が必要な身とは言え、伊藤夫妻のレシピでタルトやチーズケーキが焼けるようになった！　また、試作について言うと、担当編集者の家から電子レンジ付きオーブンをお店の工房まで送り、それを使っての試作も行われた（わが家のオーブンはガスオーブンだったので）。ひとつひとつできることから問題を解決しては次に進み、形になっていくレシピに愛おしささえ感じる頃、ようやく『湘南 メゾン ボン グゥの焼き菓子とコンフィチュール』が出来上がった。本作りが初めてだった伊藤夫妻は「勉強になることがたくさんあって感謝ばかりです」と言ってくださったけれど、それは私のほう。ふたりの細やかなもの作りの姿勢には学ぶことばかりだった。

果物とハーブ、スパイスのお菓子におけるマリアージュ、お菓子とコーヒー、紅茶、ハーブティー

注1：日本にコンフィチュールということばを定着させたクリスティーヌ・フェルベールさんのお店。雪子さんはこのお店での修業時代に、お菓子はもとより、フェルベールさんから家族の絆や国や人種にかかわらず個人を尊重する姿勢など、人生において、大切なことを教わったという。

の取り合わせ、果物の扱い方、サブレやタルト、ケイクの生地の仕込み方、オーブンの温度のことなど、1ヶ月ほど工房に通う本作りの中でさまざまなことを学び、教わった。

伊藤夫妻のお菓子作りのこだわりは各所にあるが、私が感じたのは香りと食感。ここに最も細やかに愛情が注がれているように思う。ハーブやスパイスで香りづけすることはよく聞くが、ふたりが使用するのは自然派のワイン。先述した通り、そのまま飲んでもかなりのおいしさのものを惜しげもなく使っていた。お菓子の香りもそうだけれど、味わいももちろんワインが加わることでグッと奥深いものになるのは言わずもがな。

お店を始めるときに雪子さんが一番最初に作ったのは、もっとも影響を受けたというフェルベールさんのシグニチャーのひとつ、青いリュバーブを使ったコンフィチュール。これにゲヴェルツトラミネールという品種の白ワインを加えたのが始まりで、青々しいリュバーブとワインがもたらす華やかな味わいの組み合わせに我ながらびっくりしたのだそうだ。

レシピブックを制作しながら、新しいお菓子についてもあれこれ意見を出し合い、試作を繰り返す姿を目にする機会がたびたびあったことで、おふたりのお菓子作りへの想いも知ることができ、それを少なからず、本にも投影できたのではないかと思っている。ひとつの妥協もない、ひとつひとつ真剣に向き合う想いとは、いくつかあったが、こんなことだったように記憶している。

「楽しく、ワクワクして作ったものには気持ちもついてくる。材料の質を落とさない。いつもみんなに感謝する」。

レシピは、家庭で作るお菓子とは違い、正直少々手間がかかる。卵も個数表記ではなく、グラム表記。でも、だからこそ味わえる味がある。それでも可能な限り作りやすさも考えて、練りに練ったレシピを考案してくれたことには頭が下がる。

今なおこの本に夢中の私は、何度も作っていく中で、例えばタルトだったら、表示の4分の1の量で作るとパートシュクレ（アーモンド入りサブレ生地）とクレームダマンド（アーモンドクリーム）の両方で、卵がちょうど1個で事足りるとか、そんなことを自分なりに考えて作るようになった。プロの方々のレシピを繰り返し作り感じるのは、そうすることで自分の手の慣れ方が違ってくること（注2）。

晩ごはんの後にちょこっと食べたい甘いもの作りから始まった私のお菓子修業は、今のところパティシエによるお菓子作りのレシピブックを制作するところまでひとまず辿り着いた。もちろん、まだまだ進行中。この本を編集したことで次なるお菓子への熱は上がるばかり。さて、次はどこへ向かおうか。

伊藤直樹、伊藤雪子『湘南 メゾン ボン グゥの焼き菓子とコンフィチュール』２０２１年、ＫＡＤＯＫＡＷＡ

注2：和食の料理本を作る際によくご一緒させていただいている笠原将弘さんのレシピでも常々思うことである。

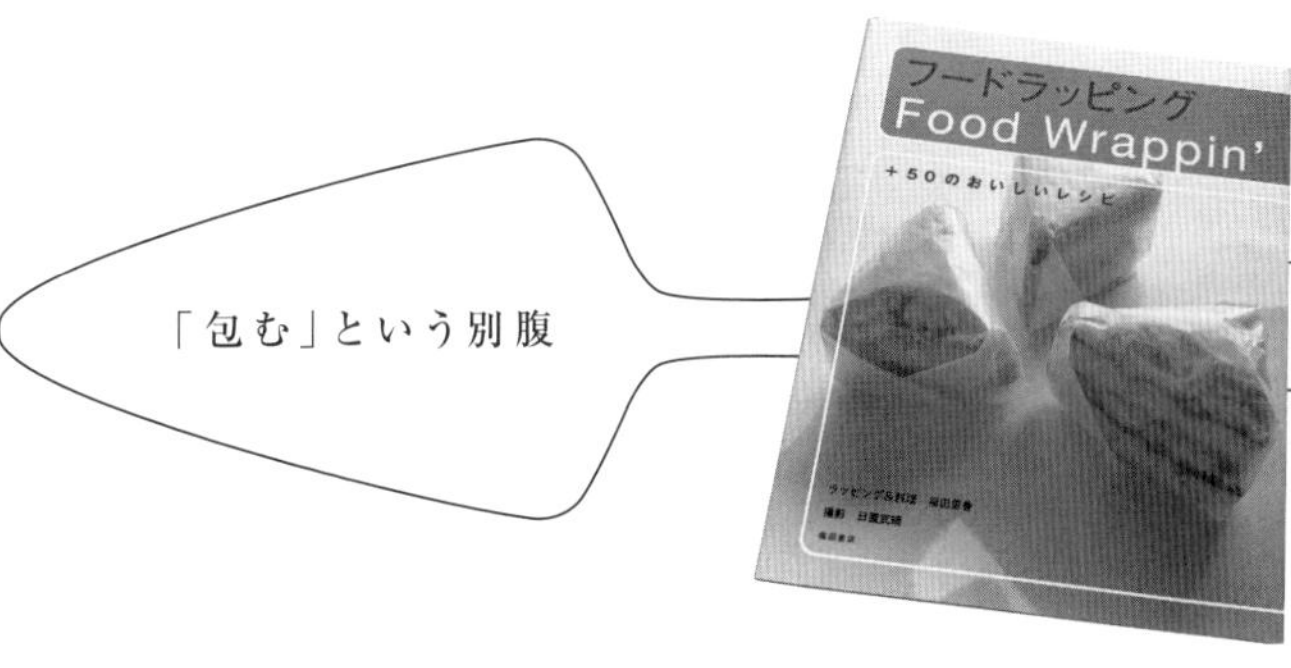

「包む」という別腹

福田里香『フードラッピング』

「メゾン ボン グゥ」の本を作り、たくさんのことを教わった。なかでも、お菓子を作る楽しみに加え、贈る喜びについての特別な想いに気づき、私もそれに倣いたいと思っていた。ところが贈ろうと思ってはみたものの、ラッピングって本当に難しい。どうしたらこんなひどい包み方ができるんだろうと情けなくなっていたとき、そうだよ、私にはこの本があるじゃないか！と思い出したのだ。購入したのは、12刷目の２００８年。それでももう10年以上前になるが、この発想を90年代にこうしてまとめていたとは。袋の包み方には「まげを結う」なんていうのもあり、もう目のつけ所がすごすぎて、これも！　うっわ！　あれも！と、驚きと興奮の連続。ジェットコースター並みに「包む」の妙が出てくる、出てくる。ラッピングもまだまだ修業が足りぬばかりだけれど、お菓子作りとともにもうひとつ楽しみができた。それにしても福田さんの本はおもしろい。ハマってしまうものばかりだし、もっと想いの丈を書きたいが長くなるのでこの辺にしておく。

（１９９７年、柴田書店）

Ⅲ 旅と料理の本

英語のレシピブックに惹かれる理由。

料理本の編集とはまた別に、ハワイについて執筆することも生業としてきて20年ほど経つ。ハワイで過ごす日々、歴史、お気に入りのお店やアロハシャツやムームーのプリント柄などについて書くためもあり、ここ何十年もの間、ハワイに行くと資料探しの一環として古本屋さんや中古レコード店、ヴィンテージストアやスリフトショップに立ち寄っては、ハワイのヴィンテージものやハワイにまつわる本を求めてきた。そのうち、昔の料理本が目につくようになり、初めはハワイのレシピブックを、それからアメリカ本土のレシピブックを手にするようになった。

とは言え、英語を読み解きながら料理をしようだなんて思っていたわけじゃなく、英語の本の中に広がる、長くて大きなテーブルにこれでもかと料理がずらりと並ぶ様子や、ちょっとトンチンカンでデコラティブなスタイリング、長年憧れてきたアメリカのシステムキッチンやキッチンウエアなどの

『Trader Vic's Pacific Island Cookbook』

『Esquire Cook Book』

注1：1930年代にアメリカで創業し、世界各国にオープンしたティキバー＆レストラン。日本では1974年にホテルニューオータニにオープン。

写真、ニュースペーパーに掲載されていたような古めかしくてお茶目なイラストが気に入ったから。で、ただ単にそれを眺めたいがためだった。

『Trader Vic's Pacific Island Cookbook』はまさにそんな理由から買い求めたもの。これは、1970年代くらいまでハワイにもあった「Trader Vic's」（注1）というポリネシアンスタイルのレストランのレシピがまとめられたもの（1968年刊）。今から50年以上も前のレシピブックだけれど、驚くほど状態がいいのはハワイのダウンタウンでヴィンテージストアを営んでいる友人から譲ってもらったものだから。「Kaoriが好きそうなティキの写真とイラストが載っているよ」と。私がハワイやカリフォルニアにおけるティキカルチャー（注2）が好きということを知ってのおすすめだった。ハワイ、タヒチ、アメリカ本土のルアウメニュー（注3）のほか、香港やメキシコのお店で出されていたメニューのレシピもある。が、まだそこを読むには至っていない。時々ページをめくってはハワイ語と英語が混じった文章を解読しつつ、ハワイのカラフルな花々でデコレーションされた豚の丸焼きや、ティキが象られた大きなカップに入ったトロピカルなカクテルの写真を眺めて、ただひたすら60年代後半のハワイシーン（注4）に思いを馳せている。

そろそろ、ハウピア（ココナッツのデザート）でも作ってみようかなと思い始めてはいるが、いつも途中で英語に疲れ、挫けたままの繰り返しで何十年。いい加減、自分でも嫌になる。

もう1冊、同じくハワイのヴィンテージストアの友人が、これまたKaoriが好きそうというので手にすることになった『Esquire Cook Book』は、1955年刊と前出のものよりやや古い。日本版

注2：ティキとはポリネシア神話に登場する神様のこと。この神様たちが南国ムード溢れるバーのマグになったり、お店の入り口に木彫りにして置かれたりするようになったのは、第2次世界大戦後に南洋から戻った兵士たちが持ち帰ったものの影響からだとか。

『Esquire』はもう何年も前になくなって久しいが、その本家本元のアメリカ版の『Esquire』に載ったレシピをまとめたのがこちら。

これはとにかくこのキュートなイラストに惹かれて買うに至った。まるで絵本かファンタジーを読んでいるかのような挿絵の数々は、ただページを捲(めく)っているだけでも楽しい。巻末の14ページにもわたるインデックス（索引）も圧巻。眠れない夜、なんとなくパラパラページをめくりながら英単語を追いかけ、お茶目なイラストにクスッとし、作れもしない料理を妄想してみる。パイナップル、マンゴーにカッテージチーズが入った〈Royal Tropical Salad〉なんて、名前からしてワイキキのロイヤルハワイアンホテルで出てきそうなサラダだなぁと思っていたら料理名の下に「from Trader Vic's, San Francisco」の表記。ハワイのお店のメニューではなかったけれど、Trader Vic'sのレストランのメニューからだった。トロピカルなポリネシアンカルチャーつながりに心底納得。あぁ、『Trader Vic's Pacific Island Cookbook』といい、『Esquire Cook Book』といい、やっぱり好きな感じのものはつながっているなぁ、とか何とか思っているうちに気づけば朝……この本とはそんな付き合いをしている。本格的にこの本に向き合うのはあと何年後だろうか。

レシピブックとは知らずに手にした本もある。これもハワイで買ったもの。幼い頃から大のスヌーピー好きだった私は、小学生の頃から日本版のスヌーピーの小さなコミックを買い続けてきた。その英語版があると知ったのは、うんと大人になってから。でも考えてみれば「スヌーピー」はアメリカ

注3：ルアウとはハワイ語で宴のこと。ほとんどの場合、屋外で催され、フラやタヒチアンダンスなどを観ながら豚の丸焼きやロミサーモン、ポケと呼ばれる生魚のおつまみなどを食べ、カクテルを飲んだりする。

のコミックだもの。そりゃあ、本家本元があるわけで。

20年くらい前のハワイでは、古本屋さんはもちろん、スリフトショップでも安い値段でしかも状態のいい、あらゆるスタイル（ペーパーバッグのコミック、ハードカバーのコミック、中綴じの付録のような、でもカラーのコミックなど）のスヌーピー本が買えた時期があった。レシピブック『Peanuts Lunch Bag Cook Book』は、そんな頃に手に入れた。それは同じシリーズの、哲学まじりの人生におけるいろいろがシニカルに描かれたコミックも含んだレシピブックになっていた。そうとは知らずにスヌーピーの、というだけで手にし、帰りの飛行機で何気なく取り出し読んでみたら、わお！（ラッキー！）となった本である。

〈All-Star White Bread〉、〈Charlie's Cheese Sandwiches〉、〈Stick-to-The-Roof-of-Your-Mouth Peanut Butter Sandwiches〉など、スヌーピーが好きな人なら「あぁ、あれね！」とわかるメニューが続々並んでいる。ここ数年、夢中で焼き続けている食パンは、何を隠そうこのスヌーピーの〈All-Star White Bread〉のレシピがもとになっている。

それにしても、英語のレシピはざっくりしている。分量なんてティースプーンで表記されているものもあるし、何分炒めるとか、何回混ぜるといったことはほとんど記されていない。さすがにオーブンについてはまぁ何度で何分とあるけれど、そこはアメリカのものと日本のものだから、勘を頼りに、私は作っている。だけど、読みながらいつも思うのは「これでいいのだ！」ということ。日本のレシピブックは細かく手取り足取りしすぎだと感じて仕方ない。レシピを見ずに料理を作れるようになろ

注4：日本の海外渡航の自由化が1964年。南国ハワイへ寄せる思いも高まった60年代後半、ハワイアンミュージック、島の景色や街並み、ホテルの様子、アロハシャツやムームーのプリント柄など古き良きハワイには、この時期のイメージが多い。

うということが流行ったりもしたが、そうなってしまった原因はそもそも今までの丁寧すぎるレシピにあるように思えてならない。それよりは野菜や肉がどういう状態になったら、次へ進むのか、知りたいのはそこなんじゃないかと思うのである。状況も、火加減も、鍋やフライパンも違うのだから、同じ時間では計りきれるわけがない。ましてや、野菜や肉だってまったく同じ状態のものというわけではないんだからなおのこと。ここがもっと自由になれば、作る人の想像力は広がり、自分の手で、頭で、次へと進めるのではないだろうか？　日本の「丁寧」は、いいところと人をダメにしてしまうところの両方があると思う。そんなこともあり、私はできる限り、シンプルに伝えることを意識してレシピをまとめている。さらに細やかに伝えたいことがあるときはレシピから外して、メモや補足という形にする。そんな小さな思いを詰め込んで今も料理本作りをしている。

『Peanuts Lunch Bag Cook Book』

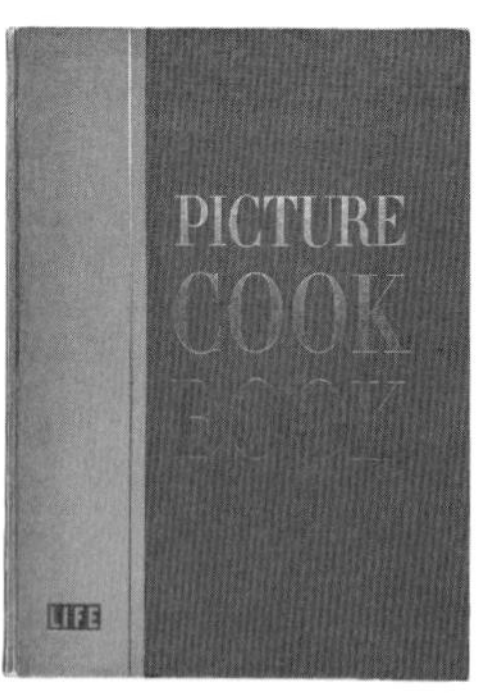

『Picture Cook Book』

注5：驚いたのは、かなりの大判だったこと。重かったのに、ごめん！　しかもクリスマスだからとプレゼントしてくれた。気軽にこういうことを頼んではいけない。反省、反省。

『Picture Cook Book』は、西海岸にお嫁に行った友人に頼んでわざわざヴィンテージマーケットで買ってきてもらったもの。西海岸のヴィンテージマーケットのインスタグラムに小さく写っていたものを、友人に転送し、もしもあったら買ってきてとお願いしたら、年末、日本に帰国する際、持って帰ってきてくれた（注5）。

これは1958年にアメリカのタイム社から発売された『LIFE』のシリーズのもので、新しい種類の料理本とサブタイトルで謳われているだけあり、「Traditional Dishes」、「International Food」、「Summer Cooking」などといった統一性のない不思議なコンテンツから成るものだった。この年代だから？　この年代に？　どちらにしろこんなスタイルの本が作れるなんて、アメリカの自由は計り知れない。「Traditional Dishes」の章にある〈Man's Job：Steak（男の仕事：ステーキ）〉では、肉の厚み、切り方、焼き方を。〈Great Soups〉ではニューイングランドとニューヨークにおけるクラムチャウダーの違い（注6）を。「Summer Cooking」では氷の上にのせる料理やエレガントなピクニックと題した岩場でのイカしたピクニックの提案がなされている。「Children's Foods」の〈School Lunches' Breakfasts〉のサンドイッチの見せ方のキュートさに胸がときめき、そこからしばらく影響を受けまくっての、サンドイッチへの挑戦が続いたりしたこともあった。「Home Helps」では、キッチンの見取り図が描かれ、当時流行りだっただろうシステムキッチンがいろいろと紹介されているページが続く。ミッドセンチュリーデザイン好きの私に、1958年刊のキッチンデザインはドンピ

注6：ニューイングランドのクラムチャウダーはミルクを入れたもの。対してニューヨークは、トマトと水を加えたもの。ニューイングランドの人々は、クラムチャウダーの発祥の地を自分たちの町だと言うが、ニューヨーカーも然り。お互いの論争は尽きない。

シャリ。わが家のキッチンリフォームは実はこの本を参考に造作してもらった。

初めてこの本のページを開いたときは、アメリカのスケールの大きさを実感すると同時に、剝製が盛られた皿や、金網越しのテーブルなど茶目っ気を超えたテーブルセッティングに度肝を抜かれるばかりだったが、今はそれもようやく見慣れてきてミッドセンチュリーデザインのキッチンを真似するところまで追いついた。次は50年代後半のアメリカのレシピを実践するところから。古き良きアメリカへの憧れはまだまだ続きそうだ。

『Trader Vic's Pacific Island Cookbook : With Side Trips to Hong Kong, Southeast Asia, Mexico, and Texas 300 Food and Drink Recipes from 18 Different Places』１９６８年、Doubleday & Company

『Esquire Cook Book』１９５５年、McGraw-Hill Book Company

Charles M. Schulz『Peanuts Lunch Bag Cook Book』１９７０年、Scholastic Book Services

The Editors of Life『Picture Cook Book』１９５８年、Time Inc.

Aunt Jenny『Enjoy Good Eating Every Day』

１９４９年刊、ジェニーおばさんによるSpryというミックス粉をベースにした簡単クッキングレシピ集。ミニサイズで48ページという薄さ。雑誌の付録だったのかもしれない。ミックス粉を上手に使い、豪勢なケーキやパイを作るところがいかにもアメリカっぽくていい。古い雑誌の広告のような写真と夢見がちな料理名。〈Princess White Cake〉、〈Sunday Supper Sandwiches〉、〈Candy Carnival Cake〉、〈Mom's Big Gingerbread〉、〈Strawberry Queen Cake〉……。料理名を読み上げるだけでウキウキしてくるのは私だけ!?
（１９４９年）

英語の料理本の別腹

Ann Pillsbury『From Pillsbury The Convenience Cookbook』

ドゥボーイが目印のアメリカの冷凍食品を使ったレシピブック。ドゥボーイとはアメリカのスーパーマーケットの大きな冷凍庫の中でよく見かける、あの白くてプワプワした体のかわいいキャラクター（キャラクターが好きでヴィンテージのものを人形やらソープディッシュやらを集めていた時期もありました）。〈Bacon Cheese Omelet〉も、〈Daisy Coffee Cake〉も冷凍食品があればあっという間！　なのはいいんですが、そもそも目次のデザインやところどころ入ってくるイラスト使いがかわいくて買ったもの。この冷凍食品がないことには何も作れないことが発覚したのは帰国後。ファーストインプレッションは大事ですが、時々こういうことがあります。まぁでも1ドルもしなかったものだし、眺めて楽しむことに。表紙にドゥボーイのイラストがあったら、もっとかわいかったし、イメージもしやすかったんじゃないですかね??

ハワイの味

好きが高じてここ30年ほど行ったり来たりを繰り返している島、ハワイ。はじまりは何の気なしだったけれど、今もなお掘っても、掘ってもまったく終わりのない島の力に取り憑かれ続けている。

そんな行ったり来たりの間に持ち帰ってきたハワイにまつわる本はいろいろある。ハワイアンミュージックに関するもの、ハワイアンプリントのこと、アロハシャツやムームー、ハワイアナと呼ばれるヴィンテージに関する資料など、いわゆるハワイアンカルチャーに関するもののほか、ヴィンテージストアやスワップミート（屋外で開かれるフリーマーケット）などで見つけては、つい手にしてきたのがハワイ料理のレシピブック。リング綴じのそれらは、だいたいが70～90年代のもので、〈Macadamia Cheese Puffs〉、〈PIPIKAULA（Hawaiian Beef Jerky）〉、〈Butter MOCHI〉や〈Banana Bread〉、〈LILIKOI Chiffon Pie〉、〈ＢＢＱ〉などといった、料理名をなぞらえるだけでウキウキす

『Local Favorites of Waianae』

『The Cookbook of Solomon Family Recipes』

るレシピがざらっとした質感の紙にプリントされているものだった。

ワイアナエ（オアフ島西部の街）の中学校のスタッフのレシピ『Local Favorites of Waianae』や、ソロモンファミリーのレシピ『The Cookbook of Solomon Family Recipes』、病院のリハビリテーションのスタッフによるレシピ『ONO Cooking』、ハワードさんという方のレシピ『Is This Howard's Hawaiian Cookbook』など、著者はいろいろで、なぜだか本のつくりは皆ほぼ同じ、という不思議な料理本は気づけば家の本棚にずいぶんとたまっていた。

これもまたいつか時間ができたとき、年老いて自由に旅することができなくなったとき、ハワイに思いを馳せながら作ってみようかな、くらいの軽い気持ちで見つけるたびに手にしてきたわけだが、2020年からの世界的なパンデミックにより、予定よりずいぶん早くにじっくり向き合うことに

『ONO Cooking』

『Is This Howard's Hawaiian Cookbook』

なってしまった。そこで気づいたのは、このラフなつくりの楽しさとそこに潜むそれぞれの超個人的なレシピがチャーミングなこと。レシピブックの中に時々出てくる落書きのようなイラストは、学校の生徒や病院のスタッフによるものなのだろうか!? これもまた愛嬌たっぷり。どんな画伯が描いてもこんなに愛がこもったピッタリの挿絵にはならないだろうというイラストにも癒され、ここ2年の間、ページをめくらない日がないほど愛読している。

おかげさまでというか、何というか……、ありある時間の中でこれらの本を開いては、それぞれの家に引き継がれてきた大切なレシピをなぞりながら、私もハワイでお世話になってきた家族のような友人たちの家での時間や、ゆるやかなハワイの風やあの独特のゆる〜い空気を思い出しつつ、マンゴーブレッドやバナナブレッド作りをするようになって久しい。南の島から持ち帰ってきたレシピブックを読むにつれ、悲しくも今や遠き島になってしまったハワイで暮らす友人や、その家族がもてなしてくれた味を思い出す。だからか私にとってこの本らは、家に代々続くレシピの代わりのようなもの。ページをめくるたびに「故郷は遠きにありて思うもの」的に、ひとときも忘れることのない懐かしく愛おしいハワイの家庭の味に浸っている。

J. F. Abernethy & S. C. Tune『Made In Hawai'i』

かれこれ10年以上前にハワイ大学近くの古本屋さんで見つけたこの本を、私はすっかりクックブックだと思い込んでいた。が数年前、本棚の整理をしているときに開いてみて、あれれ!?となった。中身は、ティーリーフでスカートやケープを作る、サンダルを編む、ククイナッツでキャンドルを作る、竹のスタンプを彫ってそれを木の皮に押すなど、古しきゆかしきハワイに伝わる植物のこと、文化などが書かれているものだった。巻末に食べ物のことも載っており、サトウキビの食し方やティーリーフに魚を包む方法、ロミサーモンと呼ばれる伝統的なハワイアンフードのレシピなどもあったが、それらは植物を育てるところから始まるのがこの本らしい。ハワイを知るうえで大切な1冊であることに変わりはないが、まだレシピの実践には至っていない。（１９８３年、Kolowalu Books / University of Hawaii Press）

ハワイの料理本の別腹

『The Hawai'i Farmers Market Cookbook』

２００６年頃、ダイヤモンドヘッドの麓にあるカピオラニコミュニティカレッジの敷地内で始まった人気のファーマーズマーケット「KCC Farmers Market」に取材に行った翌年、記念にといただいたレシピブック。これもリング綴じ！　ハワイ全島のファーマーたちが自分たちの畑で採れた農作物を使って作るレシピがまとめられている。最近になってこれもハワイが恋しいからか、よく読み返すようになった。このところマウイ島のクラにあるジャッキー・ハシモトさんのハシモトファームのレシピ〈Persimmon Bread〉が気になっている。バナナブレッドやマンゴーブレッドならば想像できるが、はたして柿のブレッドはどうなのか？　作りたくてウズウズしている。（２００６年、Watermark Publishing）

ハワイの味の別腹

Ed Callahan『Barbecue Cookbook』

　１９７０年にカリフォルニアの出版社から発売されたＢＢＱのレシピブック。ハワイに暮らす人たちはＢＢＱ好きが多いように思う。週末ともなれば、皆こぞって公園やビーチで家族や友人たちとワイワイＢＢＱを楽しんでいる。私がハワイに行くと言うと、家族のような友人たちははりきってその週の休日に催すＢＢＱの準備をしてくれた。アメリカ本土がどうなのかはわからないけれど、まぁハワイではそんな感じで、きっとこの本もハワイでは結構売れたんじゃないだろうか。私は20年ほど前、街の古本と中古レコードを扱うお店でこの本を見つけた。炭の扱い方や道具のこと、牛、豚、羊の部位、シーフード、ＢＢＱのデザートなど、ただのバーベキューレシピに終わらない感じもおもしろい。巻末には、これもＢＢＱ!? と驚きの、〈水炊き〉や〈義経鍋〉のレシピも登場する。これもまた時々開いては、ハワイでの賑々しいＢＢＱを懐かしく思い出す1冊となっている。（１９７０年、Nitty Gritty Productions）

エスニック妄想旅

『根本きこのストリートフード』

旅の楽しみは食べること。そして帰ってきてからその味を思い出しながらキッチンに立つこと。旅は食以外にもたくさんの刺激をくれる。自分でも思いがけないくらい積極的になれたり、思ってもいなかった新たな扉を開けてもらったり。食に関しては、そういうことが多かったように思う。

世界各国、各地の食と、それにまつわる話とレシピが入り混じった本が好き。特にあちこちに話の向きが変わるような凸凹した1冊に心惹かれる。各地の料理や食の本と言ってもレシピが突出しているものもあれば、話の間にわずかにレシピが出てくるものも。実際の外国ではなく、外国の料理を想像して作る本もうちの本棚には結構ある。そのどれもがページをめくるたびに旅に出たい気持ちが募るものばかり。今すぐ出かけたくなる気持ちを抑え、真夜中、そんな本を開いてはキッチンに立ち、料理を作ることもままあった。あるいは、旅することで知った味に、本の中で再び出会い、旅の記憶が蘇ったりしたことも。私の人生はそんな本たちにずーっと支えられてきた。

２００２年にＮＨＫ出版から刊行された『根本きこのストリートフード』は、私が雑誌『ＥＲＩＯ』の編集者だった頃、そこで特集した記事と追加で撮影した料理を合わせて仕立てたものだ。根本きこさんの作るアジアの香り漂う料理は、いつでも遠く、まだ見ぬ地へと私を運んでくれた。が、これを作った当時はそんなことは考えてもいなかった。つまり、これが旅を彷彿させるものになろうとは思ってもいなかったのだ。

この本はタイ、ベトナム、インド、インドネシア、台湾、中国など、アジアの屋台でパッと出てくるようなローカルな料理を作るきこさんの、ストリートフードを頬張るようなラフな感じと勢いのあるおいしさをまとめたくて、きこさんがそんなお店をやったらという架空の設定で始まった。

デザイナーは大島依提亜さん。独立したばかりという大島さんのデザインは、自由で愉快で、本当にきこさんがお店を始めるかのような勢いもあった。写真は長嶺輝明さん。私は本当に長嶺さんの写真が好きなんだなぁと、この文章を書きながらあらためて思う。本は、無国籍料理屋、パンとスープの店、デリ、甘味処、パーラーの５つのお店がそのまま章立てになっている。当時の編集長が、甘味処とパーラーをあえて分けたことを許してくれたのが、今となってはすごかったなと思う。自由だった、本当に。今だったら、「ここ、甘いものとしてまとめられないの？」と言われそうだし、大島さんのお茶目心満載のデザインも、今では実現が難しそうな４色刷の表紙に穴の開いたカバー（そこから表紙に４色で印刷された料理が見えるようになっている）と、ユーモアがてんこ盛りだった。また、本篇の途中にはきこさんがお店を始めたとしたら、という架空と妄想の包装紙（しかも本文用紙とは違う紙）まで入っているんだから、凝っていたなぁと、たまに読み返してはニヤニヤしてしまう。

きこさんとは何度も一緒に外国を旅してきた。プライベートのこともあれば、仕事でもあった。タイ、ベトナム、韓国、台湾、ハワイ。どこへ行っても彼女の興味の中心は食べ物で、ほとんどは市場や屋台に集中していた。その影響はいまだに私を支配している。どこかにおいしいものがあるかも⁉と、ちょっとした路地を覗いてみたり、閑散としていて入りにくい街の外れにあるようなスーパーも素通りできなかったり。そんな行動のかけらは、きこさんと続けた旅の証。この本をめくっていると、珍道中な旅をしてきたことや、知らない食材を使うきこさんに「これなぁに？」と目を丸くして訊いていた自分を思い出す。〈するめとザボンのサラダ〉、〈ビーツのゆで汁に浸けてピンクに色づいたゆで卵〉、〈手羽先のタマリンド揚げ〉、〈緑豆ぜんざい〉などといったエスニックなメニューは、ビュンビュンと私の頭の回路を行き来し、各国、時々無国籍な場所へと私を誘ってきた。

きこさんのスタイリングは、その辺に置いてあった古本がお盆になったり、ベトナムやタイのビニール製の米袋がクロスになったりと自由奔放。庭に生えているバナナの葉がお皿になったりすることも日常的にあった。いつも口笛を吹きながらひょいとその辺に手を延ばし、空間と空気を作り出す。私はその魔法に最初はやられっぱなしだった。今も、彼女のそんな自由さは変わらず。

この本を開くと彼女と旅してきた愉快な時間を思い出すと同時に、いつかまた自由な旅ができるようになる日が一刻も早くやってくることを祈ってやまない。きこさんの自由な味は、自由に旅してこその味だった。
「旅は大事。食も大事」、まるできこさんが唱えているかのような、こんな言葉を繰り返し思ってしまう本なのだ。

根本きこ『根本きこのストリートフード』２００２年、ＮＨＫ出版

妄想する
エスニックの
別腹

春山みどり、渡邊文彦『アジア食堂』
目がチカチカするようなピンクのカバーに、黒ベタ塗りの上に黄色の文字で記されたレシピが何となくアジアのお店のネオンを連想させる。目眩くアジアの屋台を次々巡っているような錯覚に陥るこの本は私のバイブル。春山先生のアジアのパワフルさとお茶目なアイデアが詰まった料理を、スタイリストＣＨＩＺＵさんが絶妙な器使い、布使いでアジアへと誘う。こんなこととしてもいいんだ！とめちゃくちゃときめいた唯一無二の本。（１９９６年、文化出版局）

ベトナムへ

『越南勉強帖』

鈴木珠美さんが切り盛りする西麻布のベトナム料理店「Kitchen」へは東京に住んでいた頃、よく仕事仲間と通った。鈴木さんの作る料理は、食べるだけでベトナムを旅したような不思議な感じがあった。それもあってか、お店でごはんを食べると皆、決まって口を揃えて「あぁー、ベトナム行きたいねぇ」と、言っていた。

2005年に発売された横長でビニールカバーが掛かった赤い本『越南勉強帖』。ベトナムの国旗の色と同じく赤をベースに黄色の文字と女の子が描かれたカバーは、本としても魅力があったが、雑貨然としている佇まいもよかった。可愛らしい見た目とは相反して、中身は至って硬派。ベトナム料理もタイ料理も変わらないと思っていた鈴木さんが、ベトナムへ料理教室体験に行ったことをきっかけに、その魅力にはまり、2年もの間、現地で料理や歴史などを勉強することになった。この本は、そのときのノートの一部と、お店のレシピが192ページにわたり、ぎっしり詰まったもの。

レシピに連動した写真はない。その代わりと言ってはなんだが、ベトナムの街角で屋台を営む人、遊ぶ子どもたち、家の前に大鍋を出して煮炊きするおばさん、ふたり乗りした自転車で大通りをスイスイ〜ッと突っ切る人々などの写真が、ページの合間合間に現れてはベトナムのちょっと生あたたかいモワッとした風をふわっと吹かせる。

写真は写真家の市橋織江さん。市橋さんとはハワイの本を作るために何度もともに旅をした。彼女が捉える街の景色の、あの優しい色合いが好きという人も多いだろう。かくいう私もそのひとり。今もその魔法にかかったままでいる。ハワイはもちろん、パリの洗練された写真もよかったけれど、ベトナムの、西洋と東洋が入り混じった混沌としたこの感じもまたいい。風景写真を眺めてはレシピを読み返し、料理を想像すると、頭の中はベトナムの街角へ。屋台の店先のテーブルで、フォーが出てくるのを今か今かと待っている自分がいる。

鈴木珠美『越南勉強帖』２００５年、ピエ・ブックス

植月縁、渡邊文彦『食を追ってベトナムへ』

私の20代の終わりはハワイのみならず、ベトナムやタイへの興味もあった頃で、仕事仲間や友人たちとこぞってベトナムへ出かけていた。そんな頃発売されたベトナムを旅するように読むレシピ本。ベトナムの風景に溶け込むような食卓のシーンなどシノワズリーな空気を纏った渡邊文彦さんの写真には、当時も今もページをめくるたびに目が釘付けになる。レシピの書き方が他の本と違っていて、材料が最後に記されているのもおもしろい。初めて見た流れで、それも含めて楽しく読んできた。今はココナッツミルク入りの〈バナナケーキ〉や〈カスタードのフラン〉など、現地の味わいを思い出しながら時々ページをめくってはレシピを追いかけ、ベトナムの味再現に奮闘している。（1997年、文化出版局）

ハワイが似合う人

『ケンタロウのハワイが好き！
のんびりしあわせ一皿レシピ』

英語の本以外で持っているハワイの料理本はこの1冊だけ。『ケンタロウのハワイが好き！　のんびりしあわせ一皿レシピ』。ハワイというタイトルに惹かれて手にしたのは今から20年も前のこと。誰をも魅了してやまないハワイだけれど、料理家でこの人ほどハワイが似合う人はいないと、ダイヤモンドヘッドとワイキキの海をバックにフライパンを持って笑うケンタロウさんの写真を見るたびにしみじみ思う。

「ハワイを小馬鹿にしていたけれど、はじめてハワイに行ってすぐに好きになってしまった。ハワイ、ごめん」。ケンタロウさんの正直なコメントから始まる料理本は、想像以上に奥が深かった。ローカルのママに習う料理というのはよくある切り口だけど、それが力士の曙のママだったり、パンケーキやマラサダ（揚げイーストドーナッツ）だけではない、いわゆるハワイ料理と呼ばれ、ルアウにも供されるラウラウ、チキンロングライス、カルーアピッグなどまで網羅されていたり。ハワイでニンマリ笑ってスーパーで買い物して、ドライブして、ウクレレも、ハワイの歴史も全部、全部知りたいー！ 楽しー！っていうケンタロウさんの想いがどのページにも溢れまくっていて、こちらまでほんわかした気持ちになってしまう。と、同時に読み進めていくうち、頭が完全にハワイモードにシフトしていくのがわかる。メニュー名の脇に小さく記されたケンタロウさんが描いたちんまりしたイラストのかわいさも手伝って、この「ハワイの旅の思い出1冊にしました」的な感じにすっかりやられてしまった。

新しいことなんて何も入ってないけれど、むしろそれでいいし、そこがいい！ ケンタロウさんがハワイを好きって気持ちがあっちにもこっちにもいっぱいで、まるで一緒にハワイを旅して料理を作ってもらったかのような錯覚に陥ってしまうほど。

スタイリストの池水陽子さんが仕立てたと聞いた、ギャルソン風エプロンもしっかりハワイアンプリント柄。こんなエプロン欲しかった〜、と本を開きながら思わず独り言。スタイリストの仕事の仕方もいろいろあれど、池水さんの仕事はただ器を合わせるのとは違い、空間も空気も作る。昔、こんな楽しい本を作っていたんだなぁと、今もよく仕事をするスタイリストの友人に敬意を表する本でもある。そしてやっぱりハワイっていいよねぇ〜と、強く想う本でもあるのだ。

ケンタロウ『ケンタロウのハワイが好き！ のんびりしあわせ一皿レシピ』２０００年、講談社

レモンを巡るイタリア旅

『レモンブック』

誰に貸したかも忘れてしまい、返って来なくなった北村光世先生の著書『レモンブック』を先日、買い戻した。刊行時の２００６年に１６００円だった本は、今や４０００円以上にもなっていて、とてもじゃないけど手が出せないなぁと思っていたある日、ぴょんと良心的な値段のもの（とは言え、３０００円近い値段ではあったが）が見つかり、迷うことなく購入した。この本に載っていた北村先生のレモンパスタのレシピはどんなだったかなぁと、「コマチーナ」のパスタの本（ｐ81）を作ってからずっと気になっていたのだ。この本は、イタリアに造詣の深い、ハーブと料理の研究家の北村先生がイタリアに旅して作られた1冊だと聞いていた。

カメラマンはこれもまた長嶺輝明さん。スタイリストはおいしいものをたくさんご存じの肱岡香子さん。おふたりが北村先生に同行してイタリアへ出かけていったことをなんとなく記憶していて、この本の完成を心待ちにしていたことや、実際手にし、手に収まる本のサイズ感や字組みの美しさに「ほぉー」と感激したことも覚えている（デザインは憧れの平林奈緒美さん）。

くだんのレモンパスタ、北村先生のメニュー名は〈スパゲッティ　レモンソースあえ〉だった。イタリアの魚醤ガルムとレモン汁とレモンの皮だけで作る至極シンプルなもので、クリームを合わせるものとは違った。これはアマルフィ海岸のレモン畑で、レモンの有効利用運動をしている方が目の前で作ってくれたパスタだそうで、レシピを読む限り、それを構成している素材ひとつひとつがおいしくないと成立しないようなものだった。

レモンとイタリアにまつわる話は読み返すたびに、いつかその地を訪れてみたいと想いが募る。レモンと同じ柑橘チェドロのこと、レモンの木の下での食事と、そこでの会話から北村先生がご自身の鎌倉の家にレモンの木を植えようと思ったこと、ポンペイの壁画のことなど、親戚のおばさまの旅の話を聞いているような親しみも覚えるが、イタリアを深く知る北村先生だからこその目線で語られる歴史や風土は読み返すたびに目眩く、旅の時間が映像となって浮かんだ。

久しぶりにこの本を手にし、あらためていい本だなぁとしみじみ。そして本を作る者にとってもいい時代だったなぁと思う。今度は誰かに貸したままにならないように、どこに行ったかわからなくならないように、読み終わったらいつも目に入るリビングの棚に必ず戻すようになった。

北村光世『レモンブック』２００６年、集英社

アメリカ憧れ世代

『ポテト・ブック』

伊丹十三監督がユーモア溢れる感覚をまじえて訳したことで当時からかなり評判になったと聞いた『ポテト・ブック』は、1976年の刊行で、私の本棚には翌1977年の2刷目のものが長い間収まってきた。いつ買ったのかも忘れてしまったけれど、評判とかそういうこととは関係なく、シンプルなこのタイトルに惹かれて神田の古書店で20代の頃に手にした。が、例によって長いこと本を開くことがないまま何十年も過ぎてしまい、数年前、ダンナが「おー、この本、うちにもあったんだ」と、本棚から引っ張り出してきて自分が持っていたことを思い出した。

この本には、当然、料理のレシピが連ねてあるものだと思っていた。ところが、違っていた。じゃがいもの本というだけあって、それはポテトの歴史から工芸、ゲーム、健康と美容に関する言い伝えまで網羅されていて、ところどころに23人のアーティストによるポテトのイラストが描かれていた。

レシピは著者によるものもあれば、アメリカ全土から寄せられたものもあり、「オール・ドゥーブル」、「スープ」、「サラダ」、「ボイルド・ポテトのお料理」、「ベイクド・ポテト」など細やかな分類によって成る。

始まりは〈毛布の中の豚〉という料理。この料理名に思わずプププと笑ってしまったが、笑わずにはいられないユーモアと自由な発想はこの後も続くことになる。〈蛤のチャウダー〉の分量が100人前だったり、材料のすべてに句読点がついていたり、9歳の女の子から寄せられたレシピはすべてひらがなで記されていたり。グラムではなくポンドのままだったり。オーブンの温度や揚げ油の温度も然りで、アメリカの基準のまま。でも、どれに対しても「え!?」と思うことなく、あぁ、なんか自由でいいなと思う。100人前が多かったら、半分、いや4分の1の量で作ればいいんだと私は思っているし、中には100個分のレシピが必要な人もいるかもしれないし。

私にとってのこの本のおもしろさは、大いなる自由さ。それと、メニューの中に見えるアメリカの風土とカルチャー。アメリカのだだっ広い何もない大地にぽつんと出てきたダイナーで食べるハンバーガーに添えられたポテトやクラムチャウダーを、ただレシピを読むだけで想像できるおもしろさはこの本でしか得られない。繰り返し読むようになり、ようやくそろそろ何か作ってみようかなと思っている。まずは〈毛布の中の豚〉あたりから。

マーナ・デイヴィス／伊丹十三訳『ポテト・ブック』1976年、ブックマン社

やっぱりアメリカが好きなのだ。

まだお菓子作りに夢中になるうんと前、大学生だった私がいつの日かアメリカに留学する日を夢見て買った2冊のレシピブック『みなみさんのケーキノート』、『みなみさんの素敵にケーキ』。なぜ、留学するのにレシピブックなのかというツッコミは自分自身にもしたいところだけれど、ケーキを焼けるようになりたいと思って開いた本には、レシピだけではなくアメリカがあったというわけで、そこにも惹かれてしまったのだ。

キラキラしたニューヨークの街を闊歩し、バリバリと働き、キャリアを重ねながらも、チャーミングにお菓子作りもこなす渡辺みなみさん（注1）の生き生きとした感じ。あぁ、こんなふうに海外で働けるようになりたいと若かりし頃の私は思ったものだったが、気づけば、人生も半分過ぎ。本をめくると、なんでもできると信じていたあの頃を懐かしく思い出す。

『みなみさんのケーキノート』

『みなみさんの素敵にケーキ』

注1：元ニュースキャスター。ニューヨークに駐在し、趣味であったお菓子の本を作る。美しさも、仕事のできる女性としても憧れ続けている人。

撮影はこれもまた、メインは長嶺輝明さん。どれだけ長嶺さんの写真が好きなのかって感じだが、この本に関しては偶然（笑）。長嶺さんのアシスタントだった、友人であり仕事仲間でもあるカメラマンの公文美和さんが、この撮影のためにニューヨークにお供したと聞き、ひゃー！と驚いた。いい時代だったんだなぁ。いいものを作るためにちゃんとお金をかけていた時代でもあったんだと思う。昔の本にはそういう意気込みみたいなものを感じる。そして今の自分を奮い立たせてくれる何かもある気がしてならない。

初めてニューヨークに行った30歳の頃、押し寄せる街のパワーと人の熱気に押しつぶされそうになりつつも、必死で街を闊歩しては、ラフだけれどそれがカッコイイ街の住人たちの立居振る舞いを目に焼きつけてはホテルに戻って、何がどう好きだったかをメモしていたことがある。今読み返すとたいしたことは書いてなかったけれど、今のようにインスタなんてものはないから単純に旅日記的に残しておきたかったんだろう。その中に「やってみたいこと→会社に行くとき、テイクアウトのコーヒーを片手に、ドーナッツとか食べながら出勤する」、「日曜日の朝はパンケーキを焼く」などの憧れと妄想がいろいろ書かれていて、かなり笑った。でも、まぁある意味、今も昔も変わらない。そこへの変な憧れは今もずっと健在なのだ。

それにしてもこの本のお菓子の名前を読むとアメリカに憧れて、憧れて、暮らしぶりを真似しようと、映画や本を読みあさっていたことを思い出すと同時に、胸がキューンとなり、アメリカンなキッチンや、街の景色が頭に浮かぶ。〈オレオクッキー・チーズケーキ〉、〈ボストン・クリームパイ〉、

〈キーライム・パイ〉、〈ミシシッピマッドケーキ〉などなど。街とともに育ってきたケーキは、家族みんなに作るケーキだから、あったかくて、いい意味でラフだと著者のみなみさんも書いている。洒落たカフェで食べるすましたものではなく、深夜に疲れてダイナーで食べるちょっとクシャッとなったチーズケーキがアメリカのケーキ。添えられたコーヒーはずっとコーヒーマシンに置いてあるから、かなりすえた味わいになっているけど、それが沁みたりする、そんなシチュエーションが似合うケーキ。ニューヨークで、エリートビジネスマン3人がデビルスフード・ケーキ1個を分け合っていたり、コーヒー片手に紙袋に入ったテイクアウトのブラウニーを頬張りながら、出勤する人がいたり……。この本にはそんなエピソードがいくつも登場する。そのシチュエーションに似合うのがアメリカのケーキで、私はそこに憧れてきたんだとこの本で確信した。だから、特別すごい技が必要なケーキが作れなくてもいい。アメリカのママたちが家族に作るような、そんなケーキをいつかアメリカの大きなキッチンに備え付けられたオーブンで焼けたらいいなぁと夢を描いてきた。この本は料理本だけれど、若かりし私が人生の先を夢見ては考える本でもあったのだ。

本気でアメリカで暮らすと思っていた大学時代の自分を思い出すこととなった本。時々開いては、たった一度だけ行ったニューヨークの街のことを思い出す（はりきって「ゼイバーズ」で高級食材を眺め、高くて驚きつつもすまし顔でデリを購入し、安いホテルでそれを頬張った夜のこととか、いい思い出）。今の自分は、もっとこの街には似合わないだろうなーと思うが、好きな映画のシーンで思い出すのはいつもニューヨークの街のいろいろな場所であったりもする。次の週末、どんなケーキを作ろうか、何かいいアイデアはあるかしら？と本をめくると、トム・ハンクスとメグ・ライアンの映画を観たりしたくなって、夜更かし。そんな夜に見る夢は若返りして留学を目指す私。これは本当に何度も見る夢。もしかしたら人生の後半、まさかのそんなことがあるのかもしれないかもかもかも!?

＊ほかにもページを開くだけで、旅に出られる本たち。
氏家アマラー昭子、邱世賓他『3：00PMはアジアのおやつで』雄鶏社
コウケンテツ『アジアの台所に立つとすべてがゆるされる気がした』新泉社
園健、田中あずさ『旧フランス領インドシナ料理 アンドシノワーズ』柴田書店
口尾麻美『まだ知らない 台湾ローカル 旅とレシピ』グラフィック社
若山曜子『わたしのフランス菓子 A to Z』産業編集センター
山本ゆりこ『チーズケーキの旅』女子栄養大学出版部

渡辺みなみ『**みなみさんのケーキノート**』1990年、主婦と生活社
『**みなみさんの素敵にケーキ——心熱くなるオールアメリカンケーキ**』1993年、主婦と生活社

Ⅳ
読む料理の本

作ってみたくなる、味を知りたくなる

『散歩のとき
何か食べたくなって』

食にまつわるエッセイは昔から数多ある。

池波正太郎先生の本を次々読むようになったのは、父の本棚にあった『散歩のとき何か食べたくなって』の文庫を開いたことから。たしか20代の初め頃だったと思う。父は、休みの日はよく『鬼平犯科帳』をはじめとする時代小説を読んでいた。その流れから『散歩のとき何か食べたくなって』も買ったのだろう。あいにく、こちらに関してはさして興味がなかったようで、途中にしおりが挟んだままになっていた。

反対に私は「散歩のとき」というフレーズに引き込まれると同時に、次々出てくる名店のお気に入り料理への細やかな描写や情景に心躍り、すっかりこの本にハマって神田や京都辺りのお店をいくつか同じ足取りでなぞったりもした。そのうち父の本棚から持ち出した文庫では飽き足らず、わざわざ

注1：その味を作ってみたいが、その味わいを思い出せないときは馬場啓一『池波正太郎が通った［店］』を読み返したり、お店に足を運んだりしている。

古書店で、1977年に平凡社から刊行されたハードカバーのもの（残念ながら初版には手が出せず、私のは81年の5刷目）を買い足してしまったほど、好きが深い1冊。レシピが載っているわけではないけれど、料理が描かれる文章を読むたびに頭の中にレシピが浮かぶほど、それはリアルに私の脳に叩き込まれてきた（注1）。

『散歩のとき何か食べたくなって』にとどまらず、池波正太郎先生の食べものエッセイはほかにも手に取ったが、今もよく開いて読むのが、『味と映画の歳時記』、『食卓の情景』（注2）を加えた3冊。どれもやはり食のことが色濃く記されている。『散歩のとき〜』はお店の料理を、『味と映画の歳時記』には四季折々の著者気に入りの食べ物を、『食卓の情景』は幼い頃の思い出や小説家になってからの日々を、食にまつわるあれこれとともに綴ったエッセイという具合。

『味と映画の歳時記』

『食卓の情景』

『むかしの味』

注2：『味と映画の歳時記』も『食卓の情景』も私が持っているのは文庫版。『味と映画の歳時記』の単行本は、希少本になっていて高値がついている。

特に『味と映画の歳時記』には家でお酒と合わせるのに良さそうな食べ物がさまざま出てくる。「鶏肉の細切れと焼き豆腐、玉ねぎを小鍋だてにしたもの」、「刺身にした後の鯛や白身の魚を強火で軽く焼き、豆腐やミツバと煮る」、「生醬油に良い酒を少し落とし、濃くいれた熱い煎茶へ塩をつまみ入れたのを吸い物がわりにして御飯を食べる」など、1年を通じて旬を心待ちにし、それぞれを楽しみに食べる様はどれも真似したいものばかり。「七月 茄子と白瓜」に記されていた、「薄切りにして塩もみにした白瓜をたっぷりとバターをぬったパンの間へはさんだ白瓜サンドイッチ」は、夏限定の楽しみになって久しい。「十月 松茸と栗」の松茸の食べ方もいい。「フライパンに良質のバターを熱し、裂いた松茸をさっと炒め、塩とレモンで食べる」。これらの一文を読み返すたび、レシピとはこういう書き方が一番だと、いつも思う。「鶏鍋の中へ肉厚の松茸を入れ、煮すぎないようにして引きあげて食べる」など。こうして書いているだけでもあれもこれもと作りたくなる。そうそう、「柚子をかけた大根おろしの一品だけでも酒がのめる」とは、この本に教わった最高の料理。夏にはすだちでも作るようになった。

ところで先生の奥様が愛用している料理書は暮しの手帖社から出ている『おそうざいふう外國料理』(1972年刊)だそうで、そこから〈パリーふう鶏ごはん〉、〈玉ねぎの入ったひき肉のカツレツ〉、〈ジャワふうカレーごはん〉などを作っているという。カレーと言えば、『食卓の情景』には珍しく先生ご自身が作るライスカレーのレシピが記されている。カレーのスープをご飯にかけたようなものだそうだが、ほぼ台所に立つことのないダンナにいつか作ってもらいたいものだと思っている。

レシピではないけれど、京都の「村上開新堂」の好事福盧（こうずぶくろ）のエピソードは、京都に泊まるときいつか試してみたいと思う食べ方だ。好事福盧はみかんの中をくりぬき、そこにゼリーを流し込み冷やし固めたデザートで、「村上開新堂」のものは予約しないとなかなか手に入らないこともあり、いまだ実現できていない。先生は、それをホテルの部屋の窓の外に出しておき、飲んで帰ってきた後、ひんやり冷えたところを引き取って食べるのがお好きだったようだ。いつだったか雪の日にそれをやったらほんのり凍った部分ができてシャリシャリとしておいしかったと『むかしの味』に書かれていた。買えないならばと、味を真似て家で作ってみたけれど、家でやってみたところで風情もへったくれもなかった。食べることはそういった情景も大事なのだと、先生の本を読むとあらためてそのことを感じ入る。

池波正太郎『**散歩のとき何か食べたくなって**』１９７７年、平凡社
『**味と映画の歳時記**』１９８６年、新潮文庫
『**食卓の情景**』１９８０年、新潮文庫
『**むかしの味**』１９８８年、新潮文庫

思いついたときにぱらりとめくる。

『わたしの献立日記』

毎日のごはん作りには終わりがない。日々のことだから、そんなたいそうなことをする気もないし、時間もない。何かこうちょうどいい感じのものがないだろうか、とは常日頃から思っていた。

ある年末、本棚の整理をしながら途中で本を開いては読みふけってしまい、大掃除あるあるシリーズにハマってしまったことがあった。おせちの仕込みに明け暮れていたため、その日の食事なんて考える余裕がなかったが、ダンナも奥の部屋でレコードの整理をしていたようで、時々「あー疲れた」と言いながら、「そっちはどう?」と、お腹がすいたような素振りで話しかけてくる。仕方がない、ラーメンでも作るかと思ったとき、ふと沢村貞子さんの『わたしの献立日記』が目に入った。ご存じの方も多いと思うが、料理上手だった女優でエッセイスト、文筆家の沢村貞子さんが旦那様に作ってきた献立を記していたものをまとめた本で、30冊にものぼるノートの一部と、朝ごはんや梅仕事のことなどが綴られている。どれどれ、年末あたりはどんなものを食べていたのかしら？　興味本位とちょうどいいメニューだったらそれを真似ようと開いてみると、昭和41年の12月27日は「鯛ちり鍋、煮豆、わかめの味噌汁」、昭和57年の同日は「甘鯛生干し、まぐろのぬた、里芋、焼豆腐、さつま揚げ、きぬさやのうす味煮、大根の味噌汁」とある。なるほど、とは思ったが、今から作るにはちと手間がかかりそうなこともあり、結果、おせちに仕込んだものをワインとともに味見する晩ごはんになった。けれども、人がその日に何を食べているかをたどることで、思いつかないメニューを取り入れることになったり、季節のものを思い出すきっかけになったりで、これはいい！と新たな目線でほかの料理日記や献立日記も読み始めた。それにしてもさすがというか何というか、手抜きすることのない日々の献立は何度読み返してもほーっとため息がもれてしまう。ほとんどが主菜、副菜いくつか、ご飯、汁物という構図。何も考えられないときに私がやるような、ゆで卵のっけご飯や、ハムとチーズとパンに白ワインなどといった献立がほぼない。この本を読むときはいつも気持ちだけは背筋がピンと伸びる思いで、日々をたどり、食の愉しみを分けていただいている（注１）。

そんなことから年末の本棚整理をこれ幸いに、日々のことや季節の話が読めて、レシピも載っている『料理歳時記』と『辻留 ご馳走ばなし』を引っ張り出し、すぐにぱらりとめくれるようリビングの本棚に移動させることにした。

料理研究家の先駆けである辰巳浜子先生（注２）の『料理歳時記』は、四季の食材と食べ方がまとめ

注１：『沢村貞子の献立日記』（新潮社）もよく読む。毎度スタイリストの高橋みどりさんの解説に深く頷き、黒柳徹子さんのエッセイに号泣する。

注２：日本の料理研究家の草分け的存在。辰巳芳子先生のお母様。

られている。先生のお住まいが鎌倉だったこともあり、私が今暮らす近辺のこともたびたび話に出てくるので時折開いてつまみ読みしていた。

『料理歳時記』が発売されたのは昭和52（1977）年だが、収録されているエッセイはそれよりずいぶん前の昭和37（1962）年から雑誌『婦人公論』で連載されていたもの。この本のレシピで初めて作ったものは〈りんごのジャム〉。

辰巳先生がベルギーの神父様に教えていただいたという〈りんごのジャム〉は、りんご、水、砂糖だけでポタポタの状態になるまで煮て、布袋に入れて漉し、そこに砂糖を加えて煮詰めるというもの。シンプルだけれど手間暇がかかるので毎年やめておこうかなと思うけれど、仕上がりの美しいピンク色を拝みたくて作ってしまう。今から60年近く前のレシピを読み思うのは、季節を想い、素材を大切にひとつひとつ丁寧に仕上げていたのだということ。季節の食材を考えるとき、なんとなく何か作りたいときに、それぞれの季節のページを開くと辰巳先生はいつも優しく食の話をしてくれる。

辻嘉一の『辻留 ご馳走ばなし』も、また季節を知るのにいい。こちらは四季ではなく、「わかみず―新春」からはじまり、「しろざけ―早春」、「よざくら―春」、「くんぷう―初夏」といった、みずみずしい見出しのもとに季節と食材を語り、作ること、食べることがまとめられている。京のお雑煮、黒豆、叩きごぼう、桜御飯、かつおのたたきなどの話とレシピのほか、京都を感じさせる数々を織り込みながら、うつろう季節を感じる話は飽きることがない。これもまた、その時々の季節を開いて、そう言えばあれを仕込んでおこうかなとか、週末はこれを作ってみようと思いを巡らせている。いまだ巡らせているだけで手つかずのものも多々あるが、それはまた晩年の愉しみにということで。

ときには無心で開く本もある。ただただひたすら読んでうなずき、頭の片隅にちょっとその記憶を残しておきたくなるようなレシピをただただ読む。それが細川亜衣さんの『食記帖』。日にちは飛び飛びだが、思い立った日や自分の誕生日はどうだったかな?と読み返すのが楽しい。「野いちごを植え替えたなど」のひと言から始まり、朝、昼、晩と食べたものが並ぶ。もうこれだけで楽しい。が、いくつか文章によるレシピもまとめられていて、それを繰り返し読むのも好きだったりしている。時

『料理歳時記』

『辻留 ご馳走ばなし』

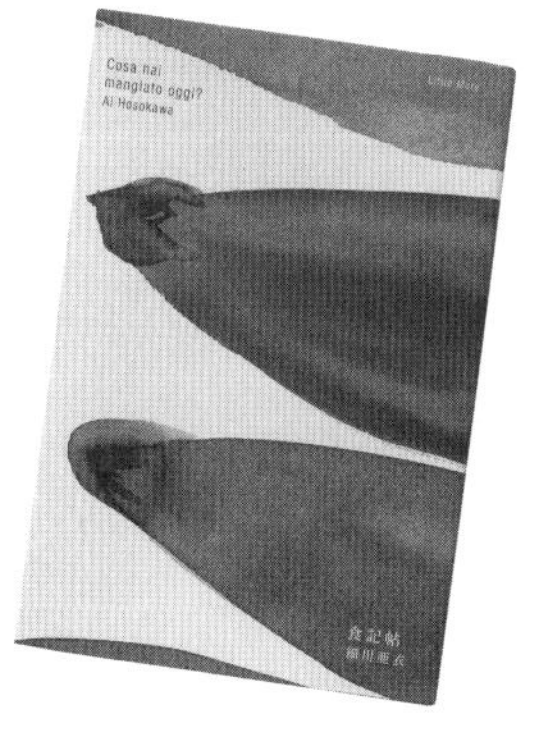

『食記帖』

には声を出して読み上げたりもして。いつだったか、ずいぶん前に細川さんを取材した際、確認してもらった原稿に句読点に至るまで赤字の修正が入っていたことがあった。あのときはショックだったけれど、今こうして何度も細川さんの書く文章を読んでいるとなぜそうだったのかがよくわかる。特にレシピのところ。呼吸まで伝わってくるような、流れる文章にのり、頭の中で料理ができていく。

レシピは、「材料」と「作り方」が別になっているものもあるけれど、両方をまとめて文章にしているもののほうが私には合っているようで、すんなり頭に入ってきて、それから消えることがない。〈ジャジュク〉というきゅうりとヨーグルトのサラダはもう何度も作った。塩もみしたきゅうりと水出しヨーグルト、それにミントとつぶしたにんにく、塩。夏の盛りにも作るけれど、夏至の頃にこれを食べながら白ワインを飲むのがここのところ気に入っている。こんな日に、こんなものを食べていたのか、とただ思う日もあれば、こうして頭に残っていくものもある。食べたもの、作ったもの、細川さんからこぼれ落ちる言葉はどれも艶っぽい。

沢村貞子『**わたしの献立日記**』１９８８年、新潮文庫／２０１２年、中公文庫
辰巳浜子『**料理歳時記**』１９７７年、中公文庫
辻嘉一『**辻留 ご馳走ばなし**』１９９９年、中公文庫
細川亜衣『**食記帖**』２０１３年、リトル・モア

梅津有希子『世界一簡単なだし生活。』

だしをコーヒードリッパーでとっていたのがおもしろいと思ったこの本は、たまたま仕事で読むことになったものだったけれど、その発想に引き込まれてしまった。

とかく、だしをとるのは面倒だと思われがち。私は飛田和緒さんから教わった、晩ごはんを終えたらポットに水とあごやかつお節を入れておく水出し方式をしているので何の手間でもないけれど、毎日会社に行く人からしたら、だしをとるなんて、たとえ水出しでも面倒だろうと思う。それを、コーヒードリッパーで、という思いもしなかったスタイルの提案でギョッとはしたが、これなら少量で思い立ったときに、我々が先祖代々から受け継いでいる、だしでほっこりするDNAを満足させられるのではないかと思った。

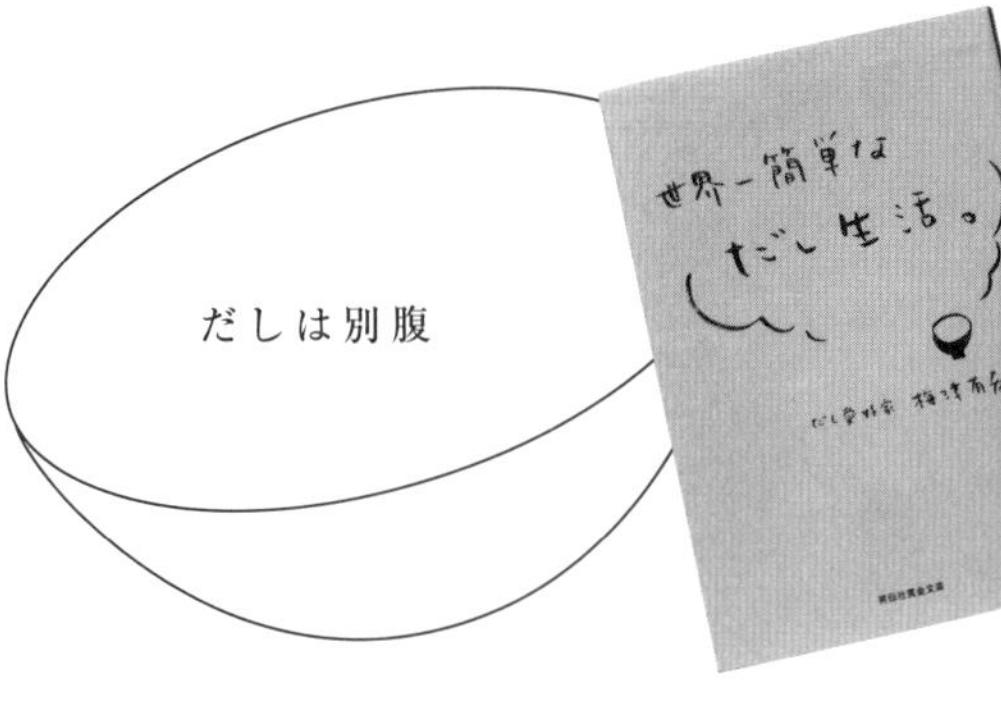

いくつか掲載されているレシピでもっとも重宝しているのが〈だし炊きごはん〉。炊き込みご飯を炊くときだしを加えるのは承知の上だけれど、このレシピは具なし。ただ、だしと醤油で炊くだけなのだ。一瞬、「え!?」と思ったが、これがたまらない。このご飯でにぎったおむすびが無性に食べたくて作る、と著者も書いているが、わかりました、その気持ち！　五臓六腑に沁み渡る、やさしい旨み。思わず手を合わせたくなるおいしさなのだ。というわけで、だしに未だ手が出ない皆さん、ちょっとこの本を読んでみてください。（2020年、祥伝社黄金文庫）

だしは別腹

外国の空気を纏いたい

『巴里の空の下
オムレツのにおいは流れる』

『パリの居酒屋（びすとろ）』

幼い頃も今も、空想するのが好きだ。まだ見ぬ世界へ想いを馳せ、ああでもないこうでもないと、勝手に想像を巡らせる。その想いは自由で果てしなく、どこへでも出かけて行けた。小さなノートに知らない国の、知らない料理のことを想像しては絵を描き、レシピを作り、そこで料理する自分のキッチンの間取り図を描く。そんなひとり遊びをしながら外国で暮らす自分を夢見てきた。

そうしたら、日本はもとよりアメリカ、フランス、イタリア、オーストリア、ベトナム、タイ、台湾、韓国、そしてハワイなどへと、おいしいものを求めて、ぷらぷら思いつくまま出かける、こんな大人になっていた。それでも「外国」が足りなくなるときは結構ある。そんなとき、外国の空気を纏った本を気の向くままに開いたところから読み、心を満たす。

１９５０年代、パリに住んでいた石井好子さん（注１）の『巴里の空の下オムレツのにおいは流れる』

注1：シャンソン歌手でエッセイスト。石井さんの食を表現する書きっぷりには、どんなにお腹がいっぱいのときでも食欲をそそられる。

の表題作は、何度読んでも楽しい。特にバターを「バタ」と表記するハイカラな感じが好きで、冷蔵庫に貼り付けた食パンやフルーツケーキのレシピメモに、バタと真似して書いてひとりでニヤニヤしてきた。石井好子さんのレシピでよく作るのは〈グラティネ〉。普通のグラタンかと思いきや、オニオングラタンスープのことで、仕事帰りに街角のキャフェに仕事仲間と寄って、1杯の白葡萄酒とともにアツアツを頬張るくだりに心奪われ、以来、寒くなってくると巴里の街角を思いつつ、自分もハフハフやっている。

ところで、オムレツとタイトルに謳われているけれど、決して卵のことばかりが書かれているわけではない。この本のタイトルは著者本人がシャンソン歌手であることから「パリの空の下セーヌは流れる」をもじったものだそうだ。それを知ってからの私は、YouTubeでこの曲を聴きながらオニオングラタンスープを作るようになった(何にせよ、いつ何時も、盛り上がりは必要だなと思っているもので)(注2)。

辻静雄先生(注3)の『パリの居酒屋(びすとろ)』は、何度か行ったことのあるフランスの雰囲気を思い出すものだ。読めない黒板のメニューを想像しては、ドキドキして注文をしたビストロでの時間、パリの街角、フランスパンを抱えて歩くおしゃれなマダム、カフェの外テーブルでお茶を楽しむカップルなど、どこを見てもハーッとため息が出るほどサマになる光景を思い出す。居酒屋と書いてビストロとルビがふってあるタイトルには訳があり、そのへんは本書を読んでいただきたいが、その名の通り、著者

注2：石井好子さんには『東京の空の下オムレツのにおいは流れる』という著書もある。こちらには、より食に関することがリアルに描かれているが、個人的にはやはり外国の空気が色濃く感じられるほうが好み。でも、こちらの本のあとがきがいい。ぜひ読んでみて欲しい。

のお眼鏡にかなったパリのビストロが31ヶ所紹介されている。

だいたいは「シテ、中の島でポン・ヌフの近くにある」といったお店の位置からはじまり、ビストロに来るお客さんや主人の感じ、名物などについての描写があり、最後の方に1、2品、料理の作り方がまとめられているのだが、これがとにかくいい！　作ってみたくなる。

一番好きなのは、最初に出てくるビストロ「オー・ランデー・ヴー・デ・カミオヌール」の話。「トラックの運ちゃんの溜まり場」という意味の店名から、安くておいしいものが集まっているのが想像できる。ここで紹介されている料理、〈アンディーヴのグラタン〉と22番目のビストロ「ル・ヴォルテール」のからしの香りをつけた〈ビフテキ〉は、時々、気が向くと私が作るもの。特にビフテキは、30代の胃袋が元気な頃、よく作った。生クリーム、コニャック、バター、それにディジョンのからしのソースを、黄金色にバターで焼いたビフテキにかけ、細長く切ったじゃがいものフライを添える、この、聞いただけでも濃厚そうなビフテキは、ヒレを使うからか、案外重くない。むしろ、からしが効いてさっぱりしているし、肉の旨みも感じられてよかった（注4）。さすがに最近は作ってないが久々に作ってみようかと、こうして書いていると思い出すほどいい味わいだった。あとは塩鱈や牛のお尻の肉を使ったもの、あるいは仔牛の胸肉など、材料を買うところからやる気を出さないとならないものも。これはこれでいつかの楽しみにしている。

それはそうと、辻静雄先生が序章で記している言葉が当時30代だった私の胸にえらく響いたので記しておきたい。「料理のつくり方などというのは、楽譜みたいなもの」とした上でこう続く。「料理と

注3：元新聞記者。フランス料理研究家であり、辻調グループの創始者。

注4：ステーキというと、海外では赤身を使うことも多いように思う。で、それをいかにおいしくやわらかく料理するかが腕の見せ所なのだ。

いうものは、でき上りのその段階がすべてなのであって、音楽と同じように、鳴ったその途端に消えていくものだということ。これをどんな状態で捉えるかはひとえに、食べる方の側にかかっている」。

この言葉は、この本を見て料理を作ろうと思った読者へのことわりに続いて出てくる。そのことわりは、これはパリのビストロで作っているやり方であり、材料、特に塩、バター、生クリームなどは日本のものとは違うし、野菜もまた同じように違う。だから、経験のない人がやると出来上がりがずいぶん違うものになるだろうし、「10分煮てください」と言っても鍋の厚さでそれもまた違ってくるということが記されている。まさにその通り。今は、フランスの材料も手に入るようになって久しいが、キッチンの様子はそれぞれに違うし、使う鍋やフライパンも違う。よって、この問題は、私たち料理本を作る側に永遠に続く話なのである。

よく出版社の編集さんに言われるのは、「何分煮ますか?」「何分炒めますか?」ということ。そのたびに、「それよりは鍋の中の様子を伝えたほうがいいのでは?」と、言ってはみるが、それが通ったことはあまりない。だから、時間は目安として捉えて欲しいと、書き添えられる本には付け加えるようにしている。読者の皆さんが、そこに気づいてくださっているか否かは別として、作る側の勝手な気遣いとしてそうするようになった。

2000年に柴田書店から発売された『ニューヨークベストフードショップ』は、その名の通り、ニューヨークのおいしいものが集結した、いわばガイドブックなんだが、ひと言でガイドと言ってし

『ニューヨーク
ベストフードショップ』

まうにはあまりに内容が濃い。ファーマーズマーケットから始まり、惣菜店、ケータリング、ベーカリー、スープ、グルメフードストア、チーズ、ピクルス、コーヒー店に至るまで、キャッチーな店の紹介がズラリ並ぶ。

目に飛び込んでくるのは、カラフルな野菜が整然と色別に並べられたファーマーズマーケットや、個包装でもウィンドウケースに入れられるでもなく、裸のまま惣菜やサンドイッチがモリモリと並べられた勢いのある売り場。ケーキ屋さんには、見たこともないようなボリュームでたっぷりクリームがしぼられたケーキや、溢れるほどかけられたチョコレートソースに埋もれたケーキ、ぐるぐる巻かれたパンの中には砂糖とシナモンがたっぷりといった景色が、あちらこちらにむぎゅーっと詰まっていた。

初めてこの本を読んだときの、ヨーロッパの食文化とはまた違った、人の勢い、みなぎる活気を感じた興奮は、今もページをめくるたびによみがえってくる。各店舗の紹介文も、ちらっとうわべだけで書かれているものではなく、細やかな描写や背景がわかる読み応えのあるもので、写真に付けられたキャプションは、どれも読み飛ばすことができず、ついどれどれと読み込んでしまうほど。この本にレシピらしきものはないが、それらを読むだけで料理が作れそうなものもあるくらいだった。写真や図版がたくさん入っている本を作ると、キャプションの文字数を揃えて欲しいという編集者やデザイナーさんは少なくない。けれども、この本はそれが自由自在な感じがした。「だって、ここはもっと説明したいのよ」という感じが溢れていて、読んでいるこちらまでうれしくなる。その勢いを本にギュギューッと詰め込んだ感が半端ないのだ。だから本を開くと、急に自分のまわりがニューヨークの空気で満たされる。

外国への憧れや夢は、その場所へ何度も出かけていた若い頃でも、歳をとってからでも、その時々のモードで見るもの、食べたものなどへの感動は異なるし、帰国後の想いも変わる。だからこれでよしということはない。今はもうなくなってしまったけれど、かつてはこんなところだったという本を読むのが好きなのは、先人たちによる当時の食のムードを引き継ぎ、今なお腕を振るっている人、味わいを伝え続けている人たちのエネルギーを感じるから。だから、新しいお店や新しい食も興味はあるけれど、やっぱり私は今につながるかつての味わいを読み込んでしまうのかもしれない。

石井好子『巴里の空の下オムレツのにおいは流れる』１９６３年、暮しの手帖社／２０１１年、河出文庫
辻静雄『パリの居酒屋（びすとろ）』１９７１年、柴田書店
『ニューヨークベストフードショップ』２０００年、柴田書店

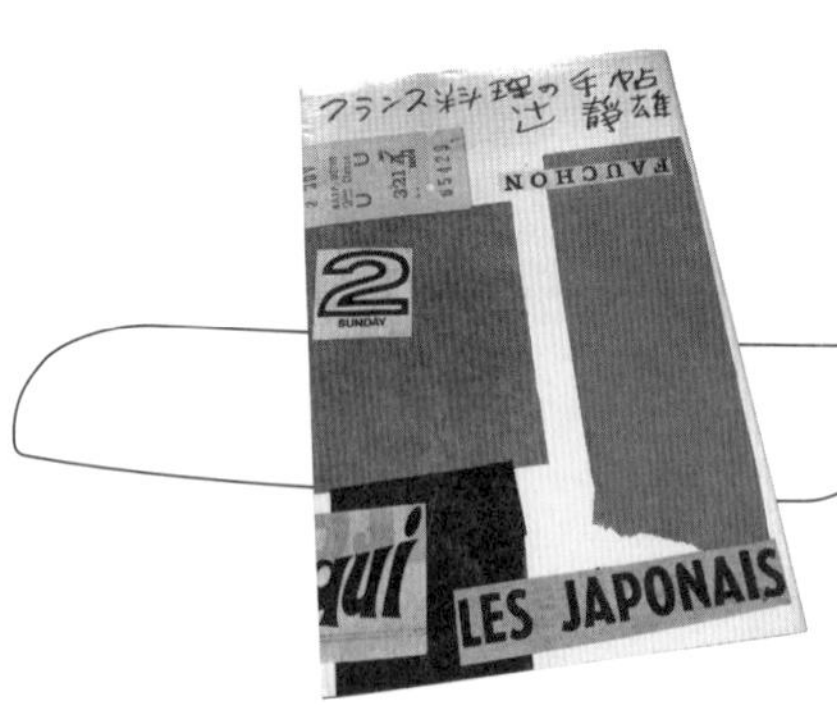

フランス料理の別腹

辻静雄『フランス料理の手帖』

バタという表記で思い出すのは、辻静雄先生の『フランス料理の手帖』に出てくる「キャヴィヤ」と「エスキャルゴ」という言い方。これもまたツボで、滅多にないことだけど、レストランで「エスカルゴも頼む?」なんて友人が話しかけてきたら、ここぞとばかりに、「いいね！　エスキャルゴ、頼もう」と、辻先生の言葉を使ってひとり遊びをしている。友人たちは「?」な顔つきだけれど、それもおもしろいのでやめられない。

この本は食通のためのワインと料理のあれこれが記されているもので、フレンチの名店「タイユヴァン」でエビのビスクを注文したら、１８７５年に瓶詰めしたシェリー酒アモンティヤードを、サラダの後にチーズ・スフレを注文したら、１９１１年のロマネ・コンティを、といったふうなことが綴られており、食通でもない私にはちと窮屈な話が多かった。

やはり70年代にフランスと東京とを行ったり来たりして美食の限りを尽くし、研究を重ねている人の話だからそりゃそうなんだけれども。（１９７３年、鎌倉書房／１９８３年、新潮文庫）

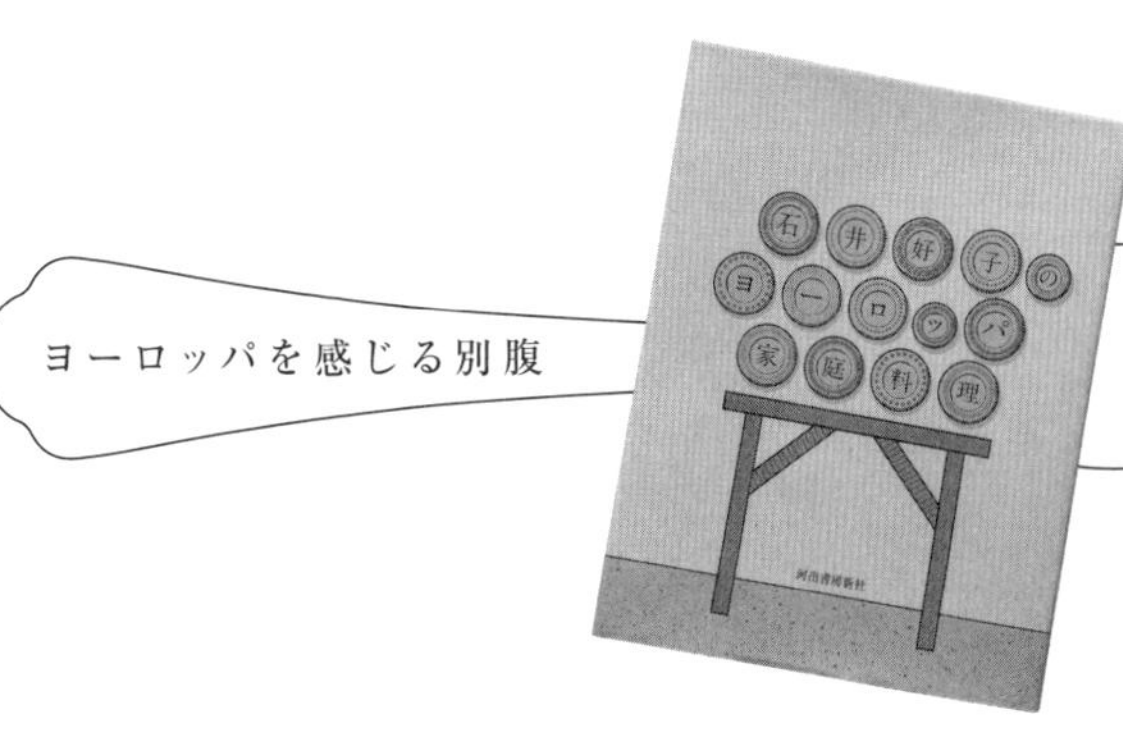

『石井好子のヨーロッパ家庭料理』

1976年に文化出版局から刊行された『石井好子のヨーロッパ家庭料理』は、外国の空気や暮らしを感じつつ、しっかりレシピも習得できるもの。私が持っているのは、2012年に河出書房新社から復刊されたものだが、仲條正義さんの装丁も、中の感じも変わることないまま復刊されていてありがたいなと思った。

カラー写真で見る、ヨーロッパの家庭の家の様子や雰囲気、市場や街の空気がそこかしこに溢れたこの本は、考えなしにパタンと開いたところから、フランス、イタリア、スペイン、ポルトガル、ドイツ、ベルギー、デンマーク、イギリスなどヨーロッパ各国の景色が楽しめ、脳内旅へと出かけられる。

スコーンを時々作るようになったのは、イギリスのビーチ家のレシピを読んでから。同ページに収録されている〈ウォルナッツ・コーヒーケーキ〉も、外国文学のテーブルに出てきそうな、いかにもな料理名にそそられて何度か作った。

外国の空気に触れ、想像をふくらませ楽しみつつも、ふと我にかえり思ったのは、モノクロ写真のプロセスカットのわかりやすさ。最初、写真が逆さまなのでは？と思ったものは「ボウルを逆さまにしても落ちないくらいの泡立て具合」という場面のプロセスカットで、泡立てた卵白が入ったボウルを、ぐいっと逆さまにして掲げている写真が掲載されていた。それがなんともリアルで、わかりやすい。けれども本当にそれをやってのけるユーモアに思わず笑ってしまった。そう、これくらいでいいんだよなぁと同時に思う。整えすぎないことも、ときには大切。（1976年、文化出版局／2012年、河出書房新社）

昔の味わい

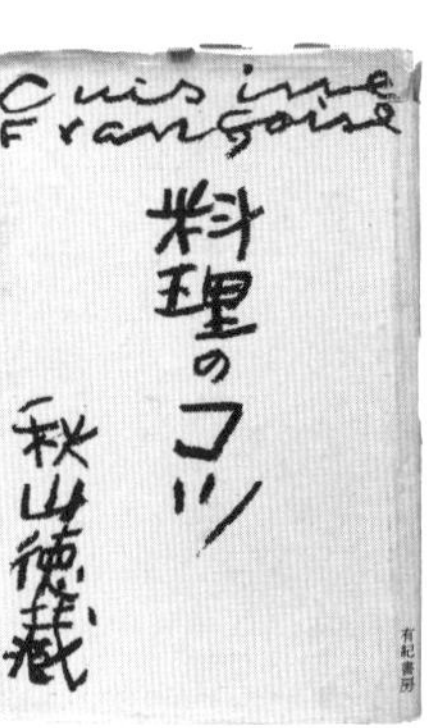

『料理のコツ』

単純にその本の佇まいが好きだというだけで、神保町で仕事があると好きな古書店に寄っては、昭和20年代から40年代にわたる、食にまつわる本を少しずつ買い求めてきた。先述した、かつてあった鎌倉の古書店、藝林荘（p38）の女主人からも、ずいぶんとお薦めをいただいてきた。

本の佇まいとは、タイトル文字の書体や薄紙で包まれたカバーや両手にすっぽり収まる判型だったり、活版印刷の紙に刻まれた感がある文字の質感など、挙げはじめるとキリがない。そうそう、時折挟み込まれる挿絵もまたそれぞれの佇まいに関わるもので、ささっと鉛筆で描かれたようなものもあれば、細いペンで背景まできっちり精密に描かれたものもある。どれもが読み進める速度を加速させると同時に、想像する時間も与えてくれる絶妙なものであることが多かった。

当初は自分自身の趣味として眺めるため、それから仕事の勉強のためというのも少し、好みの佇まいの料理本を買っては、本棚にコーナーを作り、新しく仲間入りしたものは表紙を正面に向けて飾るなどして愉しんできた。

昭和34（1959）年に発売された秋山徳蔵さんの『料理のコツ』を手にしたのは、私がまだ30代前半の頃だったと思う。当時、料理編集者として、仕事がますます楽しくなってはきたが、料理のコツとはいったい何ぞや、と思っていた私は、偶然、神保町で人待ちしていたときふらりと入った書店のワゴンセールで、このタイトルを見つけ、思わず手にしてしまった。しかも、佐野繁次郎さん（注1）の装丁だった。値段のつけ間違いじゃないだろうかと思い、店主に訊ねてみると、周りがずいぶん灼けてしまっているからとのことだったので、なるほどと思い、それでも安いなぁと驚きながらありがたく購入した。

著者の秋山徳蔵さんは宮内庁にお勤めの料理人で厨司長（のち主厨長）だった。日々お忙しいだろう方が、こんなにも丁寧にコツを解説したのは、さぞかし大変だっただろう。素材の選び方、野菜も普通に八百屋さんで手に入るようなものから西洋野菜、香味野菜にまで分けて解説、魚、肉、乾物、調味料とあらゆる方向から教えが説かれている。

特に好きなのは月々の魚の章で、1月から12月までの旬の魚と特徴、料理法などが書かれているところ。目次に並ぶ、魚の名前だけでも壮観で、季語になっている魚も含め、1月の魚―ブリ、マグロ、マハゼ、2月の魚―シラウオ、キンメダイ、アンコウ、ホウボウといった具合に記されている。それを眺めているだけで、こうして日本人は、季節とともに巡ってくる食材を心待ちにし、大切に味わっ

注1：洋画家。アンリ・マティスに師事。辻留・辻嘉一氏の本をはじめとする味わいのある手描き文字の装幀などでも知られ、彼が手がけたものをコレクションする人も多いと聞く。

てきたということがわかる。寿司屋に行くと、季節のネタを味わえることが多いが、四季を言わず、この本のように12ヶ月、なんなら二十四節季で言えるくらい細やかに季節と素材が考えられているのだ。地球全体の気候がずいぶんと変化してしまっているので、これをまったく同じになぞらえるのはなかなか難しくなってしまったが、それでも今も、例えば、料理の連載で旬のものを扱うようなときには「今月の旬の魚はなんだったっけかな?」と、この本を開く。

もうひとつ、この本の中で特に好きなのは索引。索引はアイウエオ順や食材別が多いが、この本は違う。主に調理法で分類されていて「煮かた」「ゆでかた」「炒めかた」「むきかた」「炊きかた」「食べかた」「使いかた」とあり、その後さらに「つくりかた」で引けるようになっている。初め、これを見たときはどういうことになっているのか一瞬理解できなかった。が、今は楽しみながら引けるようになってきた。

「煮かた」の最初の作り方は「アワビの煮かげん」だし、「むきかた」では「手がかゆくならないさといものむきかた」とあり、「食べかた」に至っては「ほうれんそうの栄養素を逃さぬ食べかた」ときた!

索引を読んでいると、秋山さんが何度も本を書くことを勧められ、なかなか手つかずだったが、そこまで言われるならば、思いつくままに書いてみようと思ったという心の内がよーく見てとれる。

だから私はまずは索引を見て、気になるページを読むことにしている。それぞれの項目には、著者が伝えたいと思ってきたコツが懇切丁寧に記されていると同時に、方法だけではない心意気も記されていることが多い。冒頭で著者が何度も口にする、料理作りの一番のコツは真心だというあたりが、全編にわたって滲み出ているのはお人柄なのだろう。

昭和30年代、この頃から料理本なるものがさまざまなテーマで出版されはじめ、食べることへの意識も、意欲も変わっていったように思う。ただ口に入れればそれでいい、ではなく、おいしいものを作るにはどうしたらいいのかというところから、先述したような料理のコツをまとめた本が出てきたように感じる。

ちょうど、小説家による食の随筆が次々出てきた頃でもある。昭和30年代~40年代のものは装丁含め、好みのものが多い。特に昭和31（１９５６）年に刊行された小説家の獅子文六の『飲み食ひの話』

『飲み食ひの話』

『洋食や』

『舌の散歩 十二か月』

は、判型といい、書体の使い方といい、字間、行間、カバーのデザインも、すべてにおいてしっくりくる（注3）。昔の文体ゆえ、解読がやや難しい部分もあるが、夜寝る前にベッドに潜り込んで数ページ読むのにハマっていた時期もあった。

それにしても人の飲み食いの話はおもしろい。おいしいものの話ばかりが出てくるとは限らないけれど、食の趣向がわかるし、そこからあらたに食べてみたいと思うものや作ってみたいものも出てくる。もちろん、そこにレシピはないが、情景とともに語られるお皿の中の話から、手を動かし、想像だけを頼りに作るのもまたいいものなのだ。

昭和48（1973）年に発売された、洋食屋「たいめいけん」の初代、茂出木心護さんが語る、料理から生まれ出るエピソードや料理のこと、昭和30年代後半から始めた電話によるお料理相談のことなどがおもしろおかしく綴られている『洋食や』は、民芸を思わせるカバーと表紙の絵から思うに、当時はかなり画期的な造本だったのではないかと思う。今、こんなつくりの本を作ろうと思っても、なかなかできないだろう、それはそれは素敵なつくりの本だ。

これもまた、時々思い出したかのように開いては、寝る前や食事の後に、ソファーでゴロゴロしながらページをめくる。特に週末は、何か作りたくなるようなエピソードが載っていないか探るのも楽しい。で、良き案が投げかけられていたら、それを作ってみたりもしてきた。

好きで何度も読み返してしまうのが、隠し言葉の話。お寿司屋さんで「あがり」「げた」などとい

注3：装幀は染色工芸家の芹澤銈介氏。購入した当時は、気にしていなかったが、引っ張り出してみたところ、すごい方が装丁したものだと判明。

う言葉を使うように、洋食屋さんにも厨房などで使われる隠し言葉があるそうだ。オムライスはオム。まぁ、これはいい。野菜サラダがヤサラ。うーん、これはなかなかに微妙!? レコードを磨いているダンナにクイズ形式で、これはなんだと思う!?と問いかけてみたら「おもしろいからもっと質問して」と、調子にのって言ってきた。読み進めていったら、今度は八百屋の隠し言葉なるものが出てきて笑ってしまった。しゃも＝長ねぎ、ばか＝みょうが、谷中＝新しょうが、かっぱ＝きゅうり、赤ん坊＝にんじん。今も用いられる言い回しもあれば、まったく関係なくなってしまったものもあるが、洋食屋さんよりは、こちらのほうがダンナの正解率が高かった。

下町の心意気と食べることも、作ることも愉しんできた茂出木さんの温かさが随所に感じられる文章は、一日の疲れを癒す一服の清涼剤のようでもある。清涼剤といえば、当時はまだ炭酸水というものが珍しかったのか、茂出木さんが昭和の初め、鎌倉の喫茶店でレモンソーダとプレンソーダの、どちらにするか悩み、値段的に安いプレンソーダを注文したところ、なんの味もしないので間違ったものを出されたのかと思ったというくだりがある。最終的に自分の、無味のゲップで五銭の違いを突きつけられたという話は、何度読んでも微笑ましい。やっぱり食にまつわる話は楽しい。特に食を仕事にしている人の言葉は、おもしろいに留まらず、その場面や料理を想像するところまで引っ張っていってくれる力がある。

獅子文六の随筆が好きだったこともあり、ここ20年ほど、似たような本を見つけると手にするようになった。

昭和37（1962）年に刊行された『舌の散歩 十二か月』もそのひとつだった。著者の久米不二雄という名を知らずに買って帰り、電車で読み始めて思わず吹き出してしまった。ご存じの方も多いかと思うが、この久米さんという方は食と性をいかにもと思わせる風情も抱き合わせながら書かれてきた方である。ユーモアを込めて食べ物からの性欲、接吻の仕方、～は精がつく、～の形は云々かんぬんといった具合に、これでもかと食とそっちの話が延々綴られる文章は、まぁ飽きることがない。

しかも食の話には風情も知識もあり、日本各地の郷土料理や季節の料理など、なるほどと思うことも多々。1月から12月、それにふるさとの味に至るまで終始一貫、おかしく、エロく、繰り広げられる舌の散歩にはほんとに笑わせてもらってきた。

食べることは人間の欲のひとつであると同時に、また別の欲の部分と重なることも多い。昔から食物の形や意味を、性の方向に譬えてきたものは少なくないから、まぁ納得と言えば納得なんだけれども、いい調子に書かれたあっけらかんとした表現に何度も頬がゆるんでしまった。

そういえば、祖父の家に祖父の友人たちが集まってお酒を飲みながら話している雰囲気もこの文章の感じに似ていたように思う。食べることと女のこと、世の中のこと。それを粋に季節になぞらえてワハハと笑って杯を交わしていた。この本を読むと、ほぼ金歯で洒落たシャツをきてハイカラな帽子をかぶって遊びに来た祖父の友人のおじいちゃんを思い出す。いつも舶来のチョコレートやキャンディをお土産にやって来ては、ひと言エッチなことを子どもの私たちに言い放って、大笑いしながら酒を飲んでいた。子どもながらにそれはあっけらかんとしていたからか、ひとつも嫌な感じではなかった。この本は、その感じを思い出す。食べることも、生も性も、ものすごく近いところにあるのだなと今さらながらしみじみ思う。

15年ほど前、京都の先斗町にある割烹料理店の炊き込みご飯の本（p34）を編集するにあたり買い求めたのが、辻留・辻嘉一さんの『御飯の本』。そもそもご飯とは、何なのかということから勉強したいと思って壮大なものに手を出してみて、一瞬やり過ぎたかと思ったが、これが至極よかった。偶然にもこの本は私が好きな獅子文六が序文を書いていて、なまじ料理そのものを食すより、この本の活字を読んでいるほうがうまさを感じるというようなことを言っているが、まさにその通り。ご飯の炊き方に始まり、雑炊、おむすび、炊き込みご飯、塩味まぜご飯、汁かけご飯とこれでもかとご飯の話が続く。しかもそのどれもが料理名を読んだだけで思わずごくりと唾を飲み込んでしまうものばかり。後半の「御飯二十四趣」では、暦や行事などとともに季節のご飯のことがまとめられており、これもまた月ごとに読み返しては心に刻むようになった。

『御飯の本』

何はなくとも、ご飯と味噌汁と少しの香の物があれば、体は整い、自ずと心も整う。祖母がよく言っていたけれど、子どもの時分にはちっともわからなかった。今、生きていたら１００歳をゆうに超える祖母の言葉を、この本を読み返すたびに今更ながら思い出し、体で納得している。

ところで辻嘉一氏曰く「めし」というのは「召し上がれ」、「召し上がる」などの「召し」の転訛だそうだ。「召し上がれ」という言葉の持つ優しい響きが、炊き上がったご飯の匂いと、噛みしめるたびに口中を甘く支配するあの感じによく合うのはそういう訳だったのか。

秋山徳蔵『料理のコツ』１９５９、８４年、有紀書房／２０１５年、中公文庫
獅子文六『飲み食ひの話』１９５６年、河出書房
茂出木心護『洋食や』１９７３年、中央公論社
久米不二雄『舌の散歩 十二か月』１９６２年、表現社
辻留 辻嘉一『御飯の本』１９６０年、婦人画報社

言葉を味わう

『ことばの食卓』

食べ物のことがつらつら書かれている本は、気持ちを整理整頓するのにいい。まるで音楽を聴くように、ひび割れた心に言葉がゆっくりおりては溝を埋めていってくれる。何も考えたくない、真っ白になりたいとき、私は淡々と食にまつわることが綴られた本をめくる。

元気になりたいときに読む本もあるが、どこまでも落ち込みたいときに読むものもある。底の底まで落ちて、泥のように眠りたいときは武田百合子さん（注1）の『ことばの食卓』を開く。

疲れ果ててもう無理だと思う状況の中、あっけらかんとしているようで、底の部分ではねっとりと絡みつくような暗さと、生きていくことの世知辛さと切なさを感じずにはいられない言葉を味わい、あえて這い上がれない底に自分を落としにいくこともある。

注1：随筆家。私は、高山なおみさんの影響から読むようになった。『富士日記』や『犬が星見た――ロシア旅行』などを高山さんは繰り返し読んでいた。

武田百合子さんの言葉は、気持ちのみならず体も深く落ち込ませる。それなのに、また手にしてしまう。しかも、何度も読み返しているのにもかかわらず、「あれ？　これ読んだことあったっけ？」と新鮮な気持ちで言葉を追いかけている自分がいる。ご主人（注2）に枇杷をむいて食べさせるくだりは、生々しいが、狂おしく愛おしい時間が流れているのを感じずにはいられない。そしていつか自分もそういうことに遭遇するのかもしれないという息が詰まるような気分に見舞われる。それで途中で止めてしまうのに、また読み始めるとあれ？　これって……となってまた文章の中へと引きずり込まれる。

武田百合子さんの文章はそういう苦しさと、人がそれでも通らなくてはならないことを突きつけるが、おいしそうでも、まずそうでもない、ただそこにある食べ物の心の奥底を抉るような描写がたまらなくて、心を無にしたいとページをめくってしまう。

武田百合子『ことばの食卓』１９９１年、ちくま文庫

注2：武田泰淳、小説家。

言葉のレシピ

『うちの冷蔵庫』

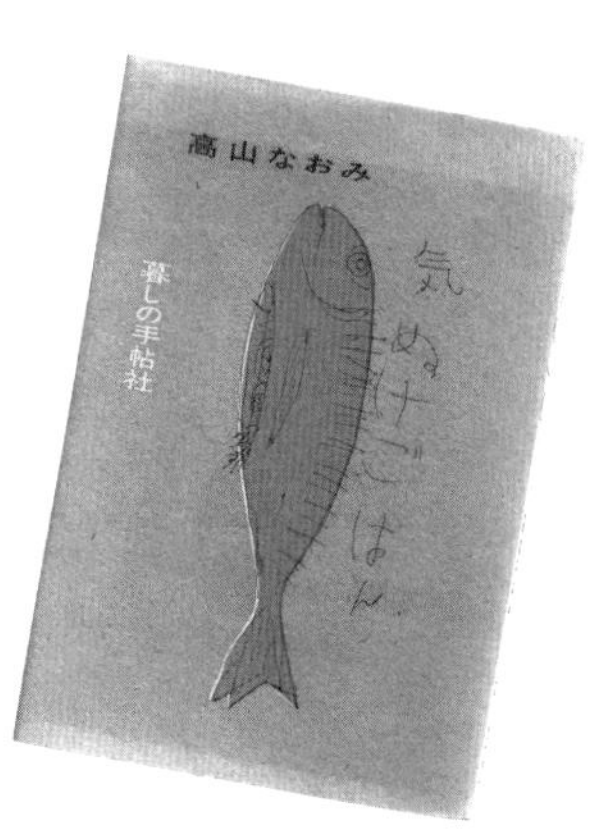

『気ぬけごはん』

淡々と、でも日々に愛情を注ぎ、家族に料理を作り続けている人の文章は読むだけで気持ちがほっこりする。

飛田和緒さんのエッセイはまさにそれだ。私が10年以上前に編集をさせてもらった『うちの冷蔵庫』には、冷蔵庫にまつわる飛田家のおいしいいろいろが詰まっている。冷蔵庫はその家のプライベートな部分がしまわれているものだから、突然来た人が開けたりすると「ちょっと、ちょっと〜！」となったりすると、何となく思ってきた。そんな秘密裏にしている場所が、飛田さんの手により開かれて、食べることや毎日の出来事へとつながっていく話が何ともいい。考えてみればあんなに大きくてわりとよく見える場所にある電化製品なんて、家中どこを探してもそうないなと、この本を作って初めて気づいた。そもそもこの本は、雑誌『ダ・ヴィンチ』で、何か食にまつわる連載を、とお願いしたところ、「冷蔵庫をテーマに書かせていただこうかな」とお返事いただき、数年にわたる執筆に加筆修正をしたものだ。本棚以上に覗き見してみたい場所のひとつ、冷蔵庫から見る飛田さんの人となりは、やっぱりお茶目であたたかな人だった。

よく冷蔵庫の中はほとんど空で、その日に使うものだけを少々入れて、あとはスッキリという暮らし上手と言われる人たちの話を聞くが、飛田さんは真逆。毎日のように続く料理本の撮影で残った食材や下ごしらえしておいたもの、常備菜、家族のごはん、いただきもののスイーツなど、いつも冷蔵庫はぎっしり、パッパッということがほとんど(注1)。けれどもそれをカッコ悪いとも、恥ずかしいともしておらず、堂々と見せ、撮影で残った野菜の切れ端の有効利用や、奥底から出てきたちくわに助けられたなんて話が書かれているのがとにかくいい。

カバー写真にある、ご飯の上に納豆、しらす、ソーセージ、なすとピーマンの炒め物、それに目玉焼きが載ったひと皿はまさにそんな残り物から生まれたもの。ちょっとずつ残ったものから思いもよらない味のコラボが誕生したりするから、あるもので料理を考えるのは楽しい、と今も飛田さんはことあるごとに言っている。他にも、和菓子を冷凍しておくといいとか、冷蔵庫の上は意外と物が置けるとか、究極の冷蔵庫掃除のレシピなど、目からウロコの話が次々。

もちろん、あちこちにレシピが登場してくるし、冷蔵庫からのエピソードに思わずハッとしては自分の家の冷蔵庫を顧みてしまうのが、なんだかおもしろく、自分で編集していながら、本ができてからも何度も読み返している。時には整理のつかない冷蔵庫を前に、そういえば飛田さんはどうしてい

注1：私の冷蔵庫もいつも満タン！　でもそういう人のほうが世の中多いんじゃないかな。それで、たまに冷蔵庫の中のものだけでしばらくやりくりするのも楽しい。ストイックとは真逆の私は、いつもこの本に励まされている。

たっけ、と思ったりして、本を開いたりすることもあるくらい、きっと誰もが「そうそう」とか「なるほど～」「え、そうなの？」と、思わず声にしてしまいたくなる、あれこれが詰まっているのだ。

日々のごはんのことと言えば、『日々ごはん』『帰ってきた日々ごはん』と日常を綴った高山なおみさんの本はいくつかあるが、私がよく開くのは、『気ぬけごはん』。

イラストレーターの高橋かおりさんの、「気ぬけ」という言葉にぴったりハマる気の抜けた、たらりんとしたイラストが何ともしっくりくる。何もすることのない休みの日の午後、ちょっと何か作りたいなってときには、ソファーに寝転んでこれを開く。だからこれはいつもソファー横に置いている。ぱらっとめくって「あー、このときはこんなの作っていたんだなぁ」と、高山さんのことを思いながらレシピを読んでいるうちに寝落ちし、気づくと夕方というのがいつものパターン。それでも何度も読み返しているからか、ちゃーんと頭には残っていて、読み返した文章のそれに近い気分のときや、そういえば高山さんは前にそんなことを言っていたな、と思い出したときにはそのままのレシピをなぞりながらごはんを作る。

食にまつわる話や文章のレシピには、その時々の書き手たちのリアルな暮らしの機微が見え隠れどころか、あからさまになる。それで、そうだよね、こんな夜があってもいいよね、と思いながらキッチンに立って、チャチャッと作る日もあるし、大いに背中を押されて頑張ってみたりする日もある。

材料と作り方が整然と記されているレシピよりも、エッセイの前後にレシピがあるものは、今そこで著者が話しながら作っているかのような不思議な錯覚に陥るときがある。だからか、情景ごとドラマチックな形でレシピがインプットされるんじゃないかなと思う。

飛田和緒『うちの冷蔵庫』２０１０年、メディアファクトリー
高山なおみ『気ぬけごはん』２０１３年、暮しの手帖社

言葉のレシピの
別腹

小松美帆
『モーネのまかないごはん絵日記』

イラストと文字と、その日のまかないの切り抜き写真で構成された日々の日記のようなこの本は、京都、二条城近くにあった「モーネ工房」というデザインと寺子屋を営む場のまかないを担当していた著者の日記をまとめたもの。私はその編集を担当した。そこで働く人はもちろん、訪れる人々を魅了してやまない、皆からこまっちゃんと呼ばれ、愛されてきた著者は、素材を大事にし、やりすぎず、でもそこから最大においしさを引き出す天才だった。食べると皆がファンになるこまっちゃんの十八番〈トマトそうめん〉は、夏になると思い出して、何度も作っているもの。もうこのメニューなしの夏は考えられないくらい季節と一体化している。どれをとってもおいしいという言葉とともに思い出すのは、やさしい味わい。料理を食べると、作った人の人となりがわかると常々思ってきたが、この人のごはんには特にそういったことを感じた。もう食べられないのかと思うと悲しいが、この本があってよかった、こまっちゃんの味わいと心意気を残してくれてありがとう、と今なお担当編集者に感謝してやまない。（２０１０年、主婦と生活社）

V
私を作ってくれた料理家たち

言葉とハートを追いかける。

『ハギワラトシコの
ヒーリングクッキング』

食べ物について、食べることについて書かれた文章は楽しい（注1）。「あ、私もそれ好き！」とか、「へぇ〜、そんなおいしいものがあったんだ」ということは料理書に限らず、食のエッセイなどでもよく思うが、いわゆる料理本において食をそんなふうに考えているのかー、と度肝を抜かれるくらい斬新なのは、ハギワラトシコさんの著書のみのように思う。

1997年に刊行された『ハギワラトシコのヒーリングクッキング』は、「作る人はあなた、食べる人はあなたの友達」というサブタイトルに引っ張られるようにして手にした。「ちょっとそこのあなた、疲れてるんじゃない!?」と、書店で呼び止められたような感じだったのだ。

「落ち込んでいる友達にニョッキ」、「花粉症の友達とピクニックランチ」、「りんごの匂いを吸い込んで、友達と仲直り」などの一見「？？？」なスレッドから成る20のストーリーとともに繰り広げら

注1：『私のデリカテッセン』の最後のハギワラさんの「いきいきと食べよう」って言葉が好き。

れる料理の数々。奇天烈、かつ妙味溢れるハギワラさん節全開の、やんちゃでパンクなストーリーと、それに寄り添う料理は、メニュー名もどこかぶっ飛んでいておもしろおかしく、ファンキーなものばかり（花粉症の友だちは下を向くと鼻水たらりだから、上を向いても食べられるようなものとか、りんごの匂いに沈静効果があるから、りんごを食べてからごめんねって言おうなどなど。料理は、〈揚げ昆布と春巻きの皮チップ〉、〈花びらの砂糖漬け〉、〈りんごとセージの豚肉巻き〉とか）。

　ハギワラさん本人が描くイラストと本人がそのまんまつぶやいているような自由な書きっぷりは、料理書というよりは大人の絵本。時々、イラスト脇に添えられた手描きの「頭がよくなくたってシ・ア・ワ・セ　だい」、「きょうはくつろぐ　明日もくつろぐ」といった走り書きも見逃せない。どこに、どんな名言（明言でもある）が転がっているかわからないから隅から隅まで舐めるように読み尽くしてきた。

　ところで絵本のようなこの本の料理写真は、真横から撮られているから、ほとんど料理が見えないものも多い。しかも、イラストと文章のスペースに対し、このサイズ!?と、驚くほど小さく扱っているところもまた、やられたー！（わざとでしょ〜?）という気がしてならない。デザインはレスパースの若山嘉代子さんだった。スタイリングはおそらくハギワラさん自身だけれど、デザイナーの若山さんも何かしらなさっていたのではないかと容易に想像できる、料理の背後の板や紙、ペンキの描き文字、カラフルな色をつけられた英字新聞など。布や板、器を専門店で借りてきて施されたスタイリッシュで整ったスタイリングとは違う、凸凹とした手の温もりのようなものがページのあちらこちらにちりばめられていた。

以前、若山さんを取材させていただいたとき、思うようなページを作るためにペンキを塗ったり、布を切ったり、縫ったり、いろいろ自分たちの手でゼロから作っていたという話を伺ったことがあった。それもカメラマンもともに、と言うから驚いた。これはその片鱗が垣間見られる本でもある。

疲れているとき、仕事で悩んだとき、なんだかわからないけれど、誰にも言えず、当たることもできずにやさぐれているとき、私はこの本を手にする。そして、この茶目っ気たっぷりの言葉を追いかけながら、いつの間にか眠りに入る。子どもが夜、お母さんに読み聞かせをしてもらっているかのように自分で自分に声を出して読む。出来上がった料理を想像しながら、気づけば、私の悩みなんてたいしたことないなと、ムニャムニャと思い、深く眠ってきた。

食べる、作る、笑う、泣く、悩みができる、元気になる、楽しい気持ちになる、生きてるってことはその全部なんだとこの本は教えてくれる。今でこそ、ブティックのスペース内にカフェがあったり、カフェの中に花屋さんがあったりすることは珍しくない。生活っていろいろなものが一緒になっていて、もっと多角的だということをハギワラさんはこの時点でちゃーんとわかって表現してきたのだ。食べることだけじゃなくて、食べるときにはその日の気分や、状況（家族となのか、ひとりなのか、彼氏とラブラブなときなのか、あるいはケンカしているのか、めちゃめちゃうれしいことがあった日なのか、はたまた仕事で失敗しているときなのかなどなど）があるわけで、毎日いつでもハッピーというわけにはいかないし、けれども悲しいかなお腹はすく。料理本はそんな生きていく毎日の傍らにあるものだと、ハギワラさんはわかっていたのだろう。だから、食べて元気出していこう！　自分で作れなかったら友達に作ってもらおう、あるいは元気がない友達がいたらごはんを作ってあげてねと、フレーフレーと旗をふるハギワラさんのあったかいハートがこの本にはムギュッと詰まっているのだ。

ハギワラさんの言葉と料理といえば、もうひとつ。

１９９０年代、渋谷にあった映画館シネマライズで上映される映画のパンフレットの巻末にＣＵＥＬのおふたり、ハギワラさんと山田亮さん、そしてカメラマンの小泉佳春さんが連載をしていたことがあった。それぞれに上映される映画を観て、山田さんが料理を作り、ハギワラさんがスタイリングをし（のちにハギワラさんが料理も担当される）、小泉さんが撮影するというページで、それは映画に関するものもあれば、韻を踏んだだけのもの、ちょっとした駄洒落的なもの、まったく関係ないけどね、とハギワラさんが舌を出して笑っていそうなものなど、でもちゃんとレシピも載っている――そんな連載だった。題して『映画を食卓に連れて帰ろう』。

映画というものは、洋画、邦画に限らず、観るたびどこか遠くへ心と頭を誘ってくれる。ダイナーで恋人同士が別れの最後に食べていたもの、家族の食卓、犯人が命からがら逃げきった後に口にするもの。映画でも、私の目線の先はまず食べ物にあった。

そのパンフレットの中でもハギワラさんは、映画を観るということと食べることとは、イコールとは言いきれないまでも、それらを同じ土俵内で表現していた。映画を観て、その後家に帰って「あのときのあのシーンがさ」と話すのには、少々のお酒やつまみが必要なのだと、ハギワラさんはとっくに気づいていたのだ。それはシネマライズの創業者である頼光裕さんもそうだったのだと思う。そんな洒落がきいたことができる大人になりたい――大学を卒業したての私は、パンフレットを観ながら、パンクでカッコイイ大人たちが生み出してきたシーンに憧れた。

1999年、長きにわたり続いたその連載は、同文書院から『映画を食卓に連れて帰ろう』という1冊になり、私は嬉々としてそれを手に取り、ひとり暮らしの部屋に飾っては眺め、レシピとハギワラさんの言葉をまたも追いかけた。のちに、この本の復刊に自分が関わるだなんて知る由もなく。

その後、絶版になって久しかった『映画を食卓に連れて帰ろう』は、たくさんの縁がつながり

1999年の
『映画を食卓に連れて帰ろう』

2020年の
『映画を食卓に連れて帰ろう』

2020年にKADOKAWAから復刊を果たした（注2）。ハギワラさんとは少し前、久しぶりに一緒にお仕事をさせていただいた際、まだ載せきれてないシネマライズのパンフレットの料理があり、あの本を再び世の中に出せないものかと相談を受けた。この本をデザインし、新たな言葉も添えてくださったデザイナーの中村善郎さんの尽力もあり、再びこの本はよみがえった。

まずは当時、小泉さんが撮影したブローニと呼ばれる少し大きなサイズのポジフィルムを洗い直すところから作業は始まり、そこでもたくさんのプロフェッショナルな方々や、亡き小泉さんに代わり、奥様や最後のお弟子さんだった鈴木静華さんらが手を貸してくれた。久しぶりのハギワラさんとのやりとりはおもしろく、いくつになっても変わらぬお茶目さに追いつこうと毎日、目を白黒させながら、パンフレットに並ぶ料理写真とレシピをひとつひとつ、担当編集の土屋美和子さんとともに整理した。

何度も試作を繰り返し、すでに自分のレシピのように作れるのは映画『ブエノスアイレス』の〈トマト麻婆豆腐〉。『ベイビー・オブ・マコン』の映画からハギワラさんが妄想した、洒落がきいた〈ボディー・プリン〉はいつか作ってみたいもの。材料に、「ぶどう（デラウェア）2粒」とあえて記したハギワラさんの茶目っ気には完敗で、思わずその場にあったコーヒーで乾杯してしまったくらい。でも、つい一般的なことを慮り、「2粒っていうのもなんですから、適量にしませんか？」という私に、ハギワラさんは「え？　そういうこと言っちゃうのー」と残念がり、心底つまらなさそうな顔をした。それを見たら、なんてバカなことを提案してしまったんだろうとすぐさま反省した。そうだ、そこを忘れちゃならなかったと思い出させてくれた。

注2：復刊版にもハギワラさんのユーモアとおいしさがたっぷり詰まっている。写真は小泉佳春さん。プロフィール写真は、かつて彼らを撮影した長嶺輝明さんのお茶目なショット。今はなきシネマライズの外観は荒木経惟さんの写真を。全体がキラキラした時代の空気を纏っている。

もうひとつ、究極にハギワラさんだなと思ったのは、私が整理したレシピを見直し、「仕上げに塩で味をととのえる」としたところすべてに、赤字で「味はととのえない」としてきたこと。赤字を見た瞬間、思わず笑ってしまったけれど、その言葉はとても深く、私にささった。曰く「味はととのえちゃだめなのよ。それぞれでいいの。その日によってでいいの。ちょうどよくじゃなくてもいいの。それが毎日の料理ってもんよ」と。

その昔、20代の私がお仕事の依頼をしたときのハギワラさんの爪には、真っ黒なマニュキュアが塗られていた。作る料理はどれも造形的で、おいしそうというよりはカッコ良かった（実際はものすごくおいしかったので、思わず若気の至りで「わ！　見た目と違っておいしいですね」とうっかり口走り、ハギワラさんは苦笑。後で先輩編集者にこっぴどく叱られたこともあった）。撮影に出かける私に先輩編集者はよく「爪を切って行きなさいね。マニュキュアは落とした？」と、口を酸っぱくして言っていた。そういう時代だった。でもハギワラさんは、平然と黒光りした爪を光らせてじゃがいもの皮をむいていた（編集者のマニュキュアどころか、先生がマニュキュア。しかも黒！　そして、肝心なのはそこじゃないのよと当時から言っていたのを思い出す）。ハギワラさんが残してくれた言葉に宿る輝きは、パンクでエレガント。「パンクなだけじゃダメなのよ、そこにエレガントもないとね」ともよくおっしゃっていた。

２０２０年3月の終わり、『シネマ＆フード 映画を食卓に連れて帰ろう』が完成。世界はパンデミックがじわじわと広がりつつあり、迫り来る混乱を前にざわついていたが、心は希望に満ちていて、落ち着いたら本の中にある映画の上映とともに、ハギワラさんのケータリングでイベントをしよう、と皆と盛り上がっていた。そしてハギワラさんにはその前にラジオに出演いただき、あらためましての『映画を食卓に連れて帰ろう』を語ってもらうはずだった。が、工房で仕込みをしている最中に倒れ、帰らぬ人となってしまった。発売からわずか2ヶ月余りのことだった。もっともっと、たくさんのおいしい言葉を、パンクなメッセージを私たちに伝えて欲しかった。

余談になるけれど、ハギワラさんは『ハギワラトシコのヒーリングクッキング』の中で「友達はあなたの〝好き嫌い＝偏食〟を直してくれる」の料理として〈かきのマルサーラ風味〉を紹介していて、マルサラ酒を何の解説もなしに使い、しかも料理名にまでしていた。そこに私は付箋を貼り、「イカしてる」と赤ペンで書いていた。25年前のことだけれど、今も同じことを思う。ハギワラさんの料理と言葉は、私にとってずーっとカッコイイだった。

そこで気づいた。料理はおしゃれよりも、おいしそうよりも、カッコイイが私の一番のお手本だったんだ、ってことに。

ハギワラトシコ『ハギワラトシコのヒーリングクッキング――作る人はあなた、食べる人はあなたの友達』１９９７年、文化出版局

ＣＵＥＬ（山田亮・ハギワラトシコ、料理）、小泉佳春（写真）『映画を食卓に連れて帰ろう』１９９９年、同文書院

ＣＵＥＬ（料理）、小泉佳春（写真）『シネマ＆フード――映画を食卓に連れて帰ろう』２０２０年、ＫＡＤＯＫＡＷＡ

土に近い人

フードコーディネーターだった根本きこさんの料理は、ときに酒呑みのツボをつくようなしみじみしたつまみだったり、ときにはワンプレートで食べるカフェめしのようなものだったり、そうかと思うと名前も知らないようなスパイスをあれこれ使った外国の匂いのする料理だったりと、その時々で変幻自在。本能的においしいものが作れてしまうのか、おいしいセンサーがあるのか（沖縄の彼女の友人たちはそれを〝味根本（あじねもと）〟と呼んでいた。私も昔、同じようなことを思い『根本のもと』（2004年刊）という本を編集させてもらったことがある）。きこさんの料理は、いつも不思議なほどビシッと気持ちよく味がキマっていた。

『根本きこのストリートフード』（p147）は、2002年にNHK出版から刊行されたもので、私は版元の編集者としてお手伝いさせてもらった。それから15年余り、私たちはいくつものテーマでともに本を作ってきた。週末の食卓、夏の屋台飯のようなもの、子どもができてからのごはん、料理道具、日本酒など。ハワイでコンドミニアムを借りての日々というものなんかもあった。

こんなに何冊も一緒に作ってきたけれど、作る料理が、いつも今のきこさんをはっきりと映し出すものなのだとわかったのは、彼女が沖縄へ移住してから。1週間に何度も顔を合わせていたような私たちだったが、東日本大震災をきっかけにきこさんは家族と沖縄へと移住し、私は鎌倉に残った。

10～20代のきこさんの料理は、簡単に言ってしまうとおしゃれ。見た目だけでなく、ひと口食べてすぐにおいしいとわかる味のキマり具合も好みだった。自分で器も選び、スタイリングもこなす彼女の料理は、食卓も含めすべてがコーディネートされていて、カフェブームがまだ残る時代の空気にも合っていたように思う。

30代に入ってしばらくすると、きこさんの料理というか、テーブルまわりは少し様子が変わってくる。スプーンですくったチョコスプレッドを、机の上にこぼしたかのようにプッと置いたり、真っ白で無機質な天板の上に魚を丸ごと1尾ドンと置き、その横に彼女の手描き文字でfishと書いた紙をぱらりと添えたり。

そんな、料理以前とでもいうようなものを楽しそうに「いいね～、おもしろいね～」と、言いながら撮影していたのは、カメラマンの長嶺輝明さんと小泉佳春さん。ふたりのレンズを通して見えるきこさんの料理は、時に絵画のようであり、時にはどこか異国の街の食堂になった。

私はと言うと、単においしいだけではなく、この人の料理は型にはまらないという意味でパンクだなと、思うようになってきた。食をこんなふうに捉える人がいることに、ワクワクしていたし、どんどんやっちゃってー！とその先が楽しみでならなかった。

その後、きこさんの料理はますます己の道を突き進み、ビビッとキマっている味わいはそのままに、素材そのものに向き合い、慈しんでいることがわかる料理に変化していった。それは彼女の生き様すべてを映し出すかのようにしなやかで、かつ地球を感じるものだった。岐路に立っても悩むことなく、するりと進むべき道を本能で決めてきたのがわかる味わい。本当にそれはおもしろいほどで、同じ人が作る料理だけれど、そのつど確実に違う表情と新たなおいしさを見せてくれた。

きこさん一家が沖縄へ移住して10日ほど経った頃、雑誌の連載のために急遽カメラマンの公文美和さんとふたりで訪ねて行くことになった。きこさんたちがとりあえず移り住んだ場所は、カセットコンロひとつに充分な給水設備もないような山奥だった。にもかかわらず、きこさんが作ってくれた料理は、どれもなんとも言えないおいしさだった。水が合うとはこのことなんだろう、沖縄の食材を、もう何十年も使ってきたかのような寄り添い方で手に取り、間に合わせの小さなまな板で楽しそうに切っていく。時々、匂いをかいではうーん、と幸せそうにしていたことも、思い出す。

当時の私はというと、沖縄へ行ってしまったきこさんを寂しく思うと同時に、ともにやってきたことが無になってしまったようで、寂しさを超え、許せない気持ちもあり、よりおいしくなったきこさんの料理を前に複雑な気持ちでいた。「あー、もう帰ってくればいいのに」心の中で何度もそう思ったし、実際、一度くらいは口にしてしまっていたかもしれない。

子どもたちはまだ小さく、湿気の中、時々虫が頬にとまったりしても気にすることもなく、久しぶりに会った私に無邪気な笑顔を見せては、無心で出来上がった料理をにこにこしながら食べていた。

そのときの沖縄でのきこさんの料理は、凄みさえあったように思う。一緒に出かけた公文さんも帰りの飛行機で「きこちゃんの料理、すごかったね。なんか全部、おいしかった」と、ボソッと言っていた。何がどうなのかわからないけれどもすごいと思わせたあの味は、まだ先が見えない暮らしの中での底力だったのだろうか。凄みはあったけれど、底力というほど頑なものではないし、むしろしなやかというほうがふさわしい味わいだった。

あれから10年経ち、私たちは再びともに単行本を作る機会に恵まれた。そこで知ったのは、彼女の中には、こうじゃなくちゃということも、ものも、ないんだということ。久しぶりに顔を合わせ時間を共有していると、ますます、自然と一体化していくような彼女の日々は、生きているものすべてと共存している感に満ち満ちていた。料理はそのとき手の動くままに。今あるもので、思うままに。鼻歌を歌いながら踊るように軽やかな所作で次々料理を作っていく。最初はその躍動感に、圧倒されっぱなしだった。

朝、「おはよう」と言うと、きこさんは決まって「二度と同じものができないからよろしくねー」と言い、にーっこり笑って常にご機嫌で厨房に立つ。朝から晩まで一緒に食を囲み、合宿のようにして作り上げた本が、２０２１年に出来上がったきこさん自身10年ぶりの料理本となる『カレー、ときどき水餃子』。

カレーと水餃子のレシピというと、不思議に思うかもしれないが、それが今、彼女が夫である潤士さんと、息子、娘たちと営むカフェの中心となるメニューで、今の根本きこ、そのものなのだ。

カバーのカレーは、実は山羊のカレーである。沖縄では山羊を食すことはそう珍しいことではないが、さすがはきこさん、なかなか手を出しづらい食材もあっけらかんと、ごく自然にカフェのメニューに組み込んでいた。カバー写真にはもう少しわかりやすいカレーを、と出版社から意見があるかもと覚悟していたが、意外なほどあっさりと「勢いがあっていい」ということで満場一致。山羊カレーがカバーになった。これは私の仕事史上ではかなり天晴れな経緯で決まったカバーだった。

本作りには、著者だけではなく、編集者やライター、カメラマン、デザイナー、スタイリストのほか、出来上がった本を販売する出版社の各部署の方々の力も必要となる。だから、たいがいはカバーのデザインは意見がいろいろ割れ、すんなりいくことはまずない、と言っても過言ではない。なのに、あっさりと「いいね！」という感じに決まったのも、きこさんの放つ見えない力のような気がしてならない。皆がそこに巻き込まれ「うん、おいしそう」と思える何か。彼女のそこに、私はこれからもずーっと引き込まれ続けていくのだと思う。それは、進むべき場所でゆるやかに自分にフィットさせていくエネルギーとでもいうべき、見えないもの。でも確実に周りを笑顔にするもの。だと思う。

この10年できこさんの料理は格段に変わった。よりプリミティブに感じられる味は、土地にも素材にもやさしく近づいては、何度も自らに馴染ませ、折り重ねてきたものなんだろう。かつてライフスタイル誌や料理雑誌でおしゃれな食卓を作り上げてきた頃とは違い、凄みすら感じられる料理へと変わっていた。それにもともと好きだったスパイスへの想いとそれらを使った料理は、思い切りがよく、いい意味で何も気にしないおおらかさも加わり、突き抜けたものになっていた。得も言われぬ感じとはまさにこのこと。これからもどうかその興味の先を見せ続けてほしい。

人はいずれ死に、土に還る。大袈裟なようだけれど、きこさんの料理を食べていると、地球のさまざまな恩恵を自分の中に重ね、ゆっくりと地球と一体化していくように感じる。だからか私はこの頃、きこさんを土に近い人だと思うようになった。彼女の料理からは、ますます土の匂いを感じる。自然を慈しみ、味わう暮らしから生まれ出る料理は、海や山や土、動物、植物などといった地球上のすべてのものにフィットしている。きこさんは、いつだってそうやって軽やかに食と関わっていくんだろう、この先もきっとずっと。

根本きこさんと沖縄の別腹

根本きこ『カレー、ときどき水餃子』

根本きこさんは、2018年、沖縄でご主人とともに再びカフェ「波羅蜜」をオープンし、自身の肩書を波羅蜜・料理担当とした。

カフェがオープンする少し前あたりから、料理の本を再び作るならどんな本を作りたいかときこさんとふたりで勝手気ままに話を重ねた。「営業日の朝に毎日撮影する波羅蜜のプレート（ご飯とおかず数種がワンプレートになったもの）が曼荼羅のように並ぶ分厚い本が作りたい」と、きこさんは度肝を抜く構成案を堂々と言っては、「そんなのなかなか無理だよね〜」と、わかってるわよと言わんばかりに、目尻に皺を寄せて笑っていた。その後も取りとめのないやりとりを繰り返しながら、きこさんが厨房に立つ姿を、何を作っているのかを、沖縄に確かめに行ったりしながら、いつの日かを待った。が、その時は思った以上に、早くやってきた。

テーマはカレーと水餃子。ともに今の波羅蜜の軸となるふたつの料理であり、今の根本きこさんを語るうえでもこれ以上の料理はない、近いようで遠い、遠いようで近いふたつの料理をテーマに本作りがスタートした。

　きこさんのカレーは、数日分のカレースパイスを仕込むところから始まる。ガス台では中華鍋でホールスパイスが煎られ、作業台の上に置かれたタライのように大きなボウルにフードプロセッサーにかけられて粉々になったスパイスが次々加えられている。むせかえるようなスパイスの香りに包まれながら、布を巻いただけのような装いで愛おしそうにスパイスを合わせてはうっとりしているきこさんを見ていたら、一瞬、そこはインドになっていた。クミンとチリペッパーを合わせたことくらいはあったけれど、カレーリーフやコリンアンダーシード、フェヌグリーク（豆科のスパイス）、チャナダル（ひき割りにしたひよこ豆）など、初めて見る、聞くスパイス類が次々加えられ、波羅蜜オリジナルのカレー粉になっていく。流れるような一連の作業はため息もので、何度もその光景に立ち会ったのだけれど、毎回、取材メモするのを忘れ、見惚れてしまったくらい。香りのせいもあったのだろうか。標本さながらにずらりと棚に並ぶスパイスの瓶もまた、私の探究心やまだ見ぬ異国への想いを煽りに煽って興奮はおさまることがなかった。

　スパイスを調合したところですでにこの盛り上がりだから、実際にきこさんのカレーを食べたときの興奮はすごかった。今までお店で食べてきたスパイスカレーよりも、それはやさしく、けれども重ねられたスパイスの味わいは遠くインドまで届きそうなほど深い。年齢もあるのか、ここのところカレーを食べると若干胃もたれしていたが、きこさんのスパイスカレーに至ってはまったくそれがない。むしろ、清々しく、活発に動き出した胃袋はもっと食べられるけど！と元気いっぱいになっている。これはすごい。おいしいのはもちろんだけれど、それ以前に、正直な体の反応に参ってしまった。スパイスの魅力とはこういうことなのか。すっかりきこさんの作るカレーとスパイスのパワーに取り憑かれてしまった。そしてもちろん、長年のカレーに対する勝手な定義は彼方へと吹き飛んでいた。

きこさんのカレーを語る上で外せないのが「OGG」。OGGとは、O＝オニオン、G＝ジンジャー、G＝ガーリックのこと。これらをペーストにしてミックスしたものがきこさんのスパイスカレーのベース。はじめ、OGGと言われたときは何のことやら!?だったが、今や私も他のスタッフたちもこれを冷蔵庫に欠かさないほど、すっかり生活に染み込んでしまった（それくらい簡単でおいしいのです）。

きこさんのスパイスカレーは、カレーパウダーとOGGがポイント。そんなわけでわが家から市販のカレールウというモノがあっという間に姿を消した。カレー好きのダンナは1週間に1回はカレーが食べたいというので、欠かすことなくルウを備えていたのだけれど、まったくもって不要になってしまったのだ。今のところ私はスパイスカレーに夢中。本を作っていた2021年の夏は鶏肉で、揚げ野菜で、えびで、魚で、といろいろ作った。まだ、カバー写真の山羊のカレーは試してないけれど、近々沖縄から山羊肉を取り寄せてチャレンジしてみようと思っている。凝り性ゆえ、バスマティライスも大量に買ってしまったが、それももうなくなる勢いだ。

カレーの本なんていらない、と思っていた自分を今は恥ずかしく思う。レストランで食べるスパイスカレーもいいけれど、家でスパイスを仕込むところから始めるカレーは格別。カレーだけではなく、カレーパウダーやスパイスを使った惣菜のレシピがあるのも、この本のいいところだと思う。今日はカレー！と決めたら、野菜を使った惣菜も、スープもそれに寄り添うもので食卓を構成できる。

頑なに閉じていたスパイスの扉はまだ開かれたばかり。というわけで、今猛烈にカレーの本が続々と本棚に新入荷中。この先、どれから作ってみようかと今からワクワクが止まらない。（2021年、KADOKAWA）

高山なおみさんと8冊の料理本のこと。

『料理＝高山なおみ』

『おかずとご飯の本』

『実用の料理 ごはん』

『野菜だより』

『今日のおかず』

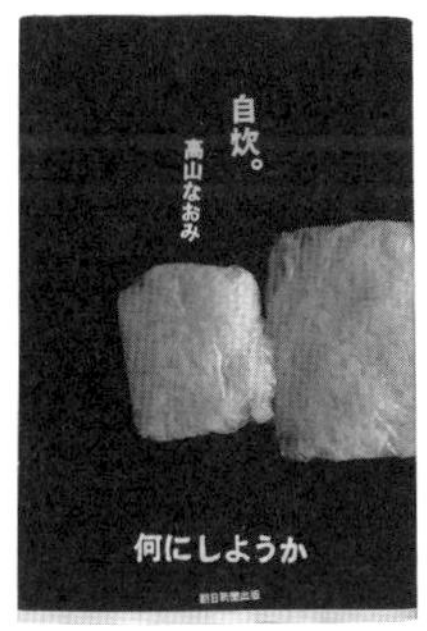

『自炊。何にしようか』

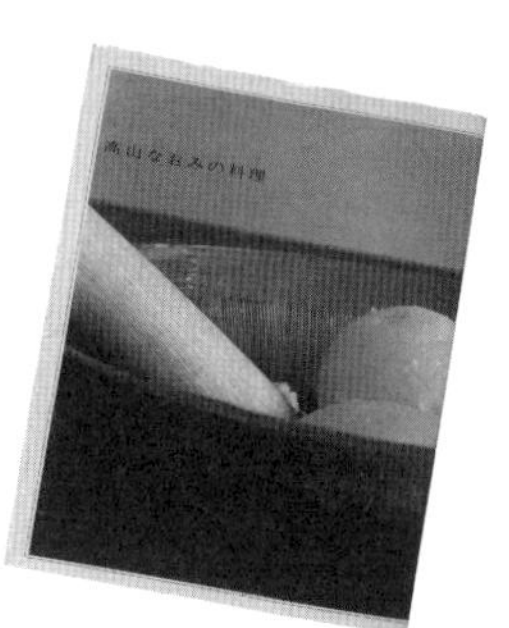

『高山なおみの料理』

『高山なおみの
はなべろ読書記』

初めて料理家の高山なおみさんに出会ったのは、20代のときだからかれこれ20年以上前のことになる。その頃私はNHK出版の『ERIO』という食と暮らしに関する雑誌の編集部に所属していて、最後の号の特集「週末料理にはまる」で高山さんに料理をお願いしたのが出会いとなった。

静かに、でもどしんと腰を据えた高山さんの料理に向かう所作はやわらかく、むいた皮を集める手の動きや、せん切りにした野菜を指先でふわっとほぐす仕草は、まるで動物を撫でるかのようにやさしく、これが料理をする動きなのかと驚いた。そして小さな動きひとつひとつから目が離せなかった。目を見開いて動きをキャッチしようとする私に気づくと、高山さんはこちらを向いてニコッと笑い、また料理を続けた（このやりとりは後々にも続く。というか、今も私は高山さんにちょっとでも動きがあると、わかりやすくビクッと目の端が動いたり、顔つきが変わるらしく、そのたびに高山さんは「まだ何もしないよ」とか「大丈夫、これからだよ」と、にこにこしながら私を諭す。そんなふうに20年ほどお付き合いしている、今もとにかく目が離せない人なのだ）。

熱でぼーっとしたときのような感覚のまま、雑誌の撮影は終わった。素材の味を突きつけられたようなプリミティブな料理だなというのが、最初の印象で、あとからじわじわと追い討ちをかけるようにおいしさが押し寄せてくる。それは食べ終わるとまたすぐ食べたくなるような、怖い料理だった。そして私はすぐに高山さんの料理の虜になった。

フィルム撮影が中心だったその頃（注1）は、撮影が終わるとカメラマンさんからおすすめの写真にダーマトというクレヨンのような赤鉛筆で印がついたポジフィルムのスリーブがドサッと届き、それ

注1：90年代の終わりから2000年初頭はポジフィルムでの撮影に加え、プリントで仕上げてくるカメラマンさんも少なくなかった。

を1枚ずつルーペと呼ばれる拡大レンズでチェックしながら、使用する写真を選び、それらを切り出しては1枚ずつポジ袋に入れる作業をする。写真がデータになった今も、どうにもフィルム時代のそのやり方がわかりやすく落ち着くからか、カメラマンさんが粗選びしてくれたものをプリントアウトして、画面上でのデータを参照しながら写真を選び、選んだカットを床に並べて全体を決める。今もそんなやり方をなかなか変えることができずにいる。

あの日もいつも通り、ルーペをのぞいていると、スタイリストの高橋みどりさんから電話があり、近くにいるから先日撮影した高山さんの写真の仕上がりを見にきてくれるという。夜が始まったくらいの時間だったからか、編集部には私ひとりだった。ほどなくしてみどりさんが到着。「これもいいね、こっちもいいんじゃない?」と、慣れた手つきで切り出しを手伝ってくれた。と、そのとき、編集部に並ぶいくつものテレビ画面から大きな声で緊急を知らせるアナウンスと地割れのような音が鳴り響いた。とっさに画面に目をやると、ニューヨークが大変なことになっていた。2001年9月11日。

しばし、呆然と画面に釘づけになっていたが、ふと気づくとみどりさんは集中した様子でサクサクと手を動かしていた。そして「赤澤、高山さんの単行本を作ろうよ」と、ポジを見ながら言った。自分の中で静かにあたためていた思いが言葉になって投げかけられたことで、沸々と何かが始まる予感がした。テレビでは依然ニューヨークからの報道が続いていた。

翌年、みどりさんの呼びかけでさまざまな方面からスタッフが集められた。アートディレクターに立花文穂さん、カメラマンに齋藤圭吾さん、スタイリストは高橋みどりさん、イラストレーターに川原真由美さん、そして版元の編集担当としてメディアファクトリーの丹治史彦さん。私はそこにフリーの編集者として参加することになった（高山さんの特集の号で関わっていた雑誌『ＥＲＩＯ』はその号を以て事実上の廃刊となり、その流れで私も２００２年の初夏、会社員を辞め、フリー編集者になっていた）。

２００２年は、初めて出会う制作陣とともに高山さんのもとで、翌年発売になる『高山なおみの料理』の撮影に励んだ。来る日も来る日も、撮影のことばかりが頭の中でぐるぐるしていて他のことは頭に入ってこない。高山さんの包丁を握る骨張った指の節、しんと静かな鍋の中、ジュージューと音を立てるフライパン、台所に立つ高山さんの姿、手の動きを、時々息をするのも忘れて追い続けた。

２００３年『高山なおみの料理』完成。それからの私は高山さんの料理を追い求め続けた。メディアファクトリーの編集者だった丹治さんが作った出版社アノニマ・スタジオから２００５年に『野菜だより』、２００７年に『おかずとご飯の本』、２００９年には『今日のおかず』の３冊を、編集の丹治史彦さん、デザイナーの有山達也さん、スタイリストの高橋みどりさんらと制作することに集中した。

高山さんの料理はいつでも自由だ。何にも縛られない、そのときその瞬間においしいと思う方向へ、自分でもきっと気づいてない本能に導かれてスーッと向かっていく。自由に素材と触れ合う手は、何かに操られているかのように動いていた。

そしていつだって味見は大口を開けて、大盛りで食べていた。味見とはちょこっとするものだと思い込んでいたが、それにはびっくり。高山さんはあっけにとられている私を見て、声を出してあははと笑いながら「ちょっとくらいじゃ、どんな味かわからないでしょ」と、私に向かってそう言った。いつしか私も味見は大盛り。みょうがを切ったらまな板の上でほぐしてふわっとさせるといったことも自然とするようになった。これほど目と頭でその味と動きを覚えている人の料理は他にはない。

その後も高山さんとは雑誌の料理ページでご一緒してはいたけれど、高山さんの意識が少しずつ料理から遠のいていくのがわかった。作ることより、書くことへ向かっているのがわかったけれど、私は高山さんが料理から離れてしまうことが寂しく、どうしたらまた料理を作る気になるかと考えるようになった。時間ができると図書館へ通い、好きな本を読み耽ってはまた書く日々に没頭する高山さんを、食べることと料理することに引き戻したかった。そこで以前から、よく「あれを読んでいたら、これを作りたくなったとか、あの本に出てくるあの料理がね」と話していたことを思い出し、月に1冊、読んだ本のことと、そこから湧き出た料理を作る連載を雑誌『ダ・ヴィンチ』で企画した。ちょうど高山さんも自身の鼻とべろ（舌）で感じたことを書きたいと思っていたという。連載タイトルは「はなべろ読書記」と名づけられ、高山さんが選んだ本を課題図書のようにみんなで読み、高山さんが文章を書いて料理を作り、原田奈々さんがそれを写真におさめた。2年ほどの連載中『ダ・ヴィンチ』の担当編集者の関口靖彦さんとともに、私は高山さんの動きを見続けた。連載は終わり、同じタイトルで1冊の本にまとまった。デザイナーは川原真由美さん。『高山なおみの料理』でイラストを描いてくれた川原さんが、今度はデザイナーとして本にまとめ上げてくれた。

この本は、高山さんの超個人的なブックレビューでもあり、その本から発想した料理のレシピも掲載するという類を見ない本だ。文章を書くことに夢中になっていた高山さんが、少しだけ料理をすることを思い出してくれたようで個人的にうれしかった本でもある。

この連載が始まって1年ほどした2013年、高山さんから「何かできそうな気がする」と、連絡が来た。それは料理本かと問うと、「そう！」と弾むような返事が返ってきた。高山さんの料理への思いがまた大きな波となっているのを感じた。

5年ぶりの制作となったその本はリトル・モアから出ることになった。デザインと写真は立花文穂さん。スタイリストは高橋みどりさん。編集は私。2013年というと、写真は雑誌でも単行本でもかなりの確率でデジタルカメラにシフトされており、フィルムでの撮影はほとんど見かけることがない時代だったが、立花さんはそんなことを気に留めるふうもなく、人のように巨大な高脚の三脚を付けた大きなカメラで撮影をし続けた。ときには台所の奥のゴミ箱をどかし、そのスペースに自分がうずくまって入り込んだり、またあるときは公園の岩の上に立ったりと、あらゆる場所から料理を撮り続けた。まるでアイドルでも撮影するかのような熱っぽさで（私にはそう見えた）。その横で私は高山さんの言葉を一字一句とりこぼさないよう、ペンを走らせた。2014年の年明けからしばらくして『料理＝高山なおみ』が完成。最後のカバーの色校正時に、デザイナーの立花さんがオムライスにかかったケチャップを、明るい赤にするのではなく、墨版を加えて少しどす黒い赤にしたことを思い出す。立花さん曰く「だって実際のケチャップはどす黒いよ。きれいな赤じゃないでしょ～」。おっしゃる通り。誰もが知らず知らずのうちに自分の中で転換していることと現実との違いをちゃんとお見通し……、立花さんはいつも先の何かを見ていた。きっとそれが高山さんが一番見つけて欲しい高山さんの中の何かを、ずるっと引っぱり出していたんじゃないかなぁと思う。当時の手帳に、私はそんなことも記していた。

『料理＝高山なおみ』の後、今まで雑誌などの企画で考えてきたもので掲載されていないもののレシピを整理し、それを項目ごとに本にしていくのはどうだろうということで、高山さんとともにファイルしてきた膨大なレシピを「ごはん」「肉」「魚」「粉もの」などといった項目ごとに整理し始めた。項目ごとに分けたのは、いずれシリーズとしてまとめていくつもりだったからだが、京阪神エルマガジン社の編集さんと考えた「ごはん」をテーマにした1冊目の『実用の料理 ごはん』が形になったところで、残念ながら一旦幕を閉じることとなった。再び料理に気持ちを戻したかのように見えた高山さんだったが、『料理＝高山なおみ』で出し尽くし、抜け殻のようになっていたのだ。高山さん自身にも次をという思いがあったようだけれど、自分自身を納得させるまでのところには辿り着けなかったようだった。

賛否両論あると思うけれど、私個人としては、『実用の料理 ごはん』は作りやすいレシピがまとまって実用的であるのはもちろん、有山達也さんのデザインが使いやすく、基本的な季節の炊き込みご飯（意外とそういうものがまとめてあるものって少ないというか、気に入ったものがなかった）や、炒飯、混ぜご飯、ちらしずしなど、かゆいところに手が届くものになったと思っている。だから使い込んでかなりボロボロになってキッチンの本棚に収まっている。いつか、もしも高山さんの気が変わり、あのシリーズの続きができるかもと、電話があったらすぐにでも続きを作りたい。

それから程なくして高山さんは長いこと暮らしてきた吉祥寺を離れ、神戸へと住処を移した。引っ越しする少し前に会った高山さんは「もう料理の仕事はしない、うーん、できないと思う。絵本を作ることに向き合いたいから」と、言葉を選びながら、私に印籠でも渡すかのようにゆっくりと言い、東京を後にした。静かだけれどその決心はかたいことを感じつつも、心の中では「え――――！」という巨大な叫び声が響いてやまなかった。高山さんとは何も終わってないし、終わらせるつもりもなかった。まだまだ、高山さんの中心は料理です！と思ってやまない自分がいたのだ。

神戸に引っ越してから1年ほど経った頃「遊びにおいでよ」と、高山さんから連絡がきた。いろいろなことが落ち着くまでおとなしく待っていようと思いつつもどうしているのかと気を揉んでいたので、ふたつ返事で神戸に向かった。私は変な意地から、高山さんの引っ越しを取材した雑誌のページも、ホームページにアップされている高山さんの日記もまったく読まずにいた。新たな高山さんの暮らしは、自分の目で見て、確かめたかったのだ。今となってはまったくもってあり得ないが、六甲駅からものすごい急坂を上ったところにある高山さんが暮らす古いマンションまで、無謀にも私は徒歩で登りきった。こんなにも神戸の坂がすごいとは。汗だくでふーふー言いながら玄関を開け、開口一番「こんなに坂がすごいなんて、教えてくださいよー！」と言う私に、久しぶりに会う高山さんは、大笑い。涙を流して笑い、しばらくするとそれはうれし泣きになり、これ以上涙がこぼれないように天井を見上げ、私に言うでもないかのように「遠いところありがとう」と小さく呟いた。

ふたりで屋上に上がり、缶ビールを飲みながらこの1年の話をした。あっという間に時間は過ぎ、また遊びにきますね。と、後ろ髪をひかれる思いで坂の上の部屋を後にした。それからの私は、関西での仕事やライブの後など、何かにつけ、高山さんに会いにいった。自著の本棚を取材する連載でも高山さんを取材させていただき、そこでもまた神戸での高山さんの暮らしを聞いた。

そんなやりとりが2年ほど続いたある夜。高山さんから「赤澤さん、私、やれそうな気がする！」と、高揚した声で電話があった。奇しくもその日は満月。思いもよらない電話と高山さんの声に、涙がこぼれた。さて、どうやれるというのか!?

模索を続けた1年が過ぎた頃、高山さんから形が見えてきたとの連絡を受け、また料理を作りたいと思ったきっかけとなった張本人のふたり、デザイナーの立花文穂さんとカメラマンの齋藤圭吾さんと、企画を快諾してくれた朝日新聞出版の編集者の森香織さんとともに、次なる本の相談をするため、神戸へと向かった。

そうこうしてできたのが『自炊。何にしようか』である。こう書いていると長いようだけれど、瞬く間に時は過ぎていった。撮影後、プリントアウトされた写真を切り貼りし、エッセイとレシピを整理しながら感じたのは、この作業が映画のシーンをつないでいるかのようだったということだ。

食べることは生きるためでもあり、楽しみでもあり、そして日常でもある。そのすべてがひとり、神戸で生活する高山さんのささやかな毎日に詰まっていた。

2020年、パンデミックに世の中は翻弄され、自粛モードだった。私はこれからやって来る時代を知る由もなく、窓際に作業机を移動し、春の光の中、毎日せっせとプリントアウトした写真を切っては貼って、高山さんから送られてきた言葉やレシピをそこにまた貼り付け、少しずつページを作り上げていった。分厚い紙の束が出来上がり、その山をデザイナーの立花さんに渡し、ようやく一旦安堵。立花さんからの連絡を待った。

分厚い束に匹敵するような分厚いページ数のデザイン案が立花さんから上がってきた。なんと言ってもこのページ数をデザインした立花さんに驚き、パソコンの画面を埋め尽くすデザインから漏れ溢れる熱量で頭がクラクラした。高山さんからは、いてもたってもいられずか興奮を伝える電話がかかってきた。当初の予定（あったようでなかったようでもあるが）をはるかに超えたページ数を見て誰より面食らったのはきっと編集の森さんだろう。でも、彼女はそれを通したのだ。その底力に感服すると同時に、感謝した。高山さんが神戸に移住してから初の料理書。5年の間考えていたものがようやくかたちになった。

高山さんとの出会いから20年とちょっと。言葉では伝えきれないほど、体と舌に沁み伝わるいろいろを教えてもらってきた。高山さんの本作りに関していうとまだ私としては道半ばのところもある。きっと高山さんもまた、何かを思いついて「これができそう！」と電話をかけてきてくれるだろう。ともに作ってきた8冊目の本が出来上がり、今はちょっとほっとひと息。なかなか会えぬ日々ながらも時々、近況報告と一緒に食べたものや気になっているものの写真が送られてくる。次の合図はいつなのか!? ハラハラドキドキ。いつ何時も私は「これができそう！」のひと声を待っている（注2）。

高山なおみ
『高山なおみの料理』２００３年、メディアファクトリー
『野菜だより――季節のいきおいを丸ごとたべる』２００５年、アノニマ・スタジオ
『おかずとご飯の本』２００７年、アノニマ・スタジオ
『今日のおかず――季節も食べる！』２００９年、アノニマ・スタジオ
『高山なおみのはなべろ読書記』（ダ・ヴィンチＢＯＯＫＳ）２０１４年、ＫＡＤＯＫＡＷＡ
『料理＝高山なおみ』２０１４年、リトル・モア
『実用の料理 ごはん』２０１５年、京阪神エルマガジン社
『自炊。何にしようか』２０２０年、朝日新聞出版

注2：うちのあらゆる本棚にある高山なおみさんの料理本は、寝る前にどこかしらの本棚から引っ張り出して寝ながら読んで、またどこかに戻す本。じっくり読み返しては自分の中でレシピを反芻する感じ。どこの本棚にもあるんだけれど、キッチンの本棚にないと一番落ち着かない。

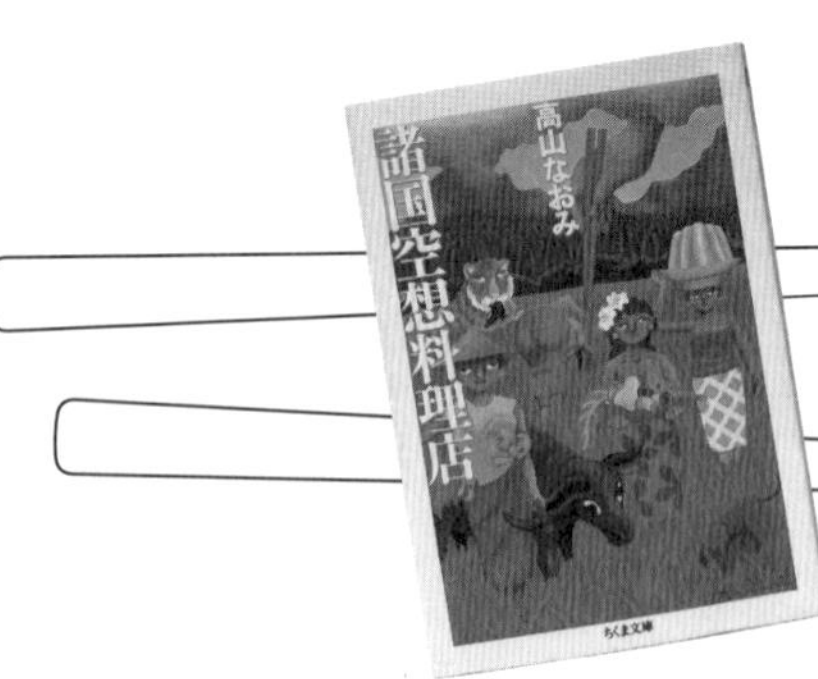

高山なおみさんの
ルーツを感じる別腹

高山なおみ『諸国空想料理店』

高山なおみさんと料理本を作るときに私がよく口にするのは「考えすぎずに、手が自然と動く方向へ。考えは垂れ流しでお願いします」ということ。私が作っていきたい料理本の肝は、ありのままがわかるもの。想いはそこにある。

高山なおみさんの処女エッセイ『諸国空想料理店』は、決して幸せに包まれた話だけではない。むしろいたたまれないくらい辛い思いや、汚い路地裏を思い浮かべてしまうような話のほうが多いかもしれない。それでもその先においしいレシピがあると思うとページをめくらずにはいられない。

高山さんは、1990~2003年に吉祥寺にあった「KuuKuu」というレストランでシェフをつとめていた。吉祥寺東急裏の路地を入った古いビルの地下にあったその店は、いつも不思議な熱気に包まれていたように思う。どこか遠い外国の酒場にいるような気分になったのは、書かれたメニューから漂う香り。旅先のどこか知らない食堂に入ったかのようなメニューを読むたび、心も胃袋も遠くにビューンと飛んでいた、と思う。

読むたび思うのは、高山さんという人は、どこかへ行くたび、自分とは別の何かを纏わせて戻ってくるんだなぁということ。それがいつしか、本人になじみ、血となり肉となり、また新たな高山なおみという人になる。この本はその片鱗を読んでいるようなものでもある。どこで何をしていても、彼女の中心は食べることにあるのだと実感せざるを得ない1冊でもあった。旅に出かけたくなるのは、違う場所の空気を吸いたくなるのは、自分じゃない自分を知りたくなったり、脱皮したいとか、そんなことが気持ちの奥底にあるからじゃないだろうか。旅の話を読み、出てくる料理になるほどと思い、納得するときが、この本を一層愛おしく思う瞬間でもある。(1995年、筑摩書房/2005年、ちくま文庫)

あとがき

幼い頃から愛読してきたもの、好きで読み続けてきたもの、今まで編集してきたものなど、本棚にある料理本を読み返しては懐かしい思いに耽ってきました。また、そのことを回想しながらの執筆は、楽しいながらも、自分の未熟さに苦笑いすることも多々あり、どうして料理本の編集者を生業(なりわい)にしてきたかを考えるいい時間となりました。

今回、この本では、それぞれの料理本の著者の方々を先生と呼ばせていただいたところもあれば、そうしなかったところもあります。それは、私が心の中で呼ばせていただいている呼称で綴らせていただいたことに拠ります。どうかお許しください。仕事をご一緒させていただいた料理家の方々の本も、お会いする機会はなかったけれども大切に読み続けている料理家の方々の本も、どの本も、すべて人生にたくさんのおいしいをくださったものです。

また、外国のことを想うとき、西洋料理を考えるとき、いつも開いてきたホルトハウス房子先生の『私のおもてなし料理』（1972年、文化出版局）と『西洋料理』（2004年、文化出版局）は、あまりにたくさんのエッセイのテーマに当てはまり、思いも深すぎて書ききれませんでした。

まだまだもっとたくさんのおいしいをご紹介したかったのですが、それはまたいつか機会がありましたら。

たくさんの料理本製作の現場でご一緒してきたデザイナーの中村善郎さん、このたびも読みたくなるデザインをありがとうございました。冒頭のカラーページをはじめ、わが家の写真を撮影してくれたカメラマンの広瀬貴子さん、いつもあたたかく仕事の希望にも、心にも寄り添ってくださり感謝しております。そして、この本を書くきっかけをくださり、2年以上という月日、日々励ましをくださった編集の大山悦子さんに熱く、厚く御礼申し上げます。

最後になりましたが、この本に書かせていただいた料理家の皆様、たくさんのおいしい記憶と言葉をありがとうございます。また本作りにかかわってこられたカメラマン、デザイナー、スタイリスト、ライター、編集者の皆さんにも熱いエールをお送りしたいと思います。

これからもこの世に料理本があり続けますように。料理本は、レシピ集であり、読み物でもあり、心をあったため、日々を楽しくおいしくするもの、なのではないかと思うのです。

2023年明け、『東京エスニック読本』を読みながら。

赤澤かおり

赤澤かおり（あかざわ・かおり）
料理雑誌の編集部を経て、2002年からフリーのライター・編集者に。以来、20年以上にわたり、料理本作りに取り組み続ける。2007年には好きで通いつめたハワイについての本『Aloha Book』を出版、ハワイが料理本編集と両輪をなすテーマとなる。高山なおみ、根本きこ、飛田和緒など多くの料理家たちのみならず、スタイリストやカメラマン、ブックデザイナーとの本作りを通して、世の中へおいしさを訴え続けることに全力投球している。一方、いつも、まだ世に知られていない、けれどもおいしいものをつくる人を探すことも忘れない。編集に関わった本も多いが、『Hawaii note ハワイ手帖』、『ハワイアン・プリント・ブック』、『鎌倉 のんで、たべる。』、『本棚の本』など著書も多数。

人生にはいつも料理本があった

2023年1月20日　初版第1刷発行

著者　赤澤かおり

発行者　喜入冬子

発行所　株式会社筑摩書房
東京都台東区蔵前2-5-3 〒111-8755
電話番号 03-5687-2601（代表）

印刷・製本　凸版印刷株式会社

ISBN978-4-480-87916-5 C0077